Stb

Arian Sarris

Dualseelen-Geheimnisse

Mit 21 praktischen Übungen den idealen Seelenpartner finden

Stb

Translated from
21 Ways to Attract Your Soulmate
Deutsche Übersetzung von Dr. Edith Zorn

Als Vorlage diente die 2000 im Aquamarin Verlag
erschienene Ausgabe

ISBN 978-3-8434-3005-0

1. Auflage

Umschlaggestaltung: Murat Karaçay, Schirner,
unter Verwendung von Fotolia 4123465 (Yuri Arcurs),
www.fotolia.de
Satz: Elke Truckses, Schirner
Printed by: OURDASdruckt!, Celle, Germany

www.schirner.com

Inhalt

Mehr erwarten?

»Es muss doch mehr in einer Beziehung geben als das« tief im Innern sehnst du dich nach Seelenverwandtschaft – jener besonderen Beziehung, die anders als deine üblichen Verbindungen eine völlig neue Seinsqualität hervorbringt. Wenn du deine Dualseele findest, ändert sich das Gefühl; es ist so tief, so innig, so richtig – und so selbstverständlich!

Wenn du diese Zeilen jetzt liest, dann bist du zumindest neugierig oder aber sehnst dich danach, deine Ergänzung zu finden. Diesen Wunsch verspüren viele Menschen.

Wahrscheinlich stellst auch du die ein oder andere Frage, die Arian Sarris immer wieder zu hören bekommt: Wie findet man seinen Seelenpartner? Wo ist er? Wie erkennt man ihn? Wenn man seinen Seelenpartner findet, bleibt man dann immer zusammen? Was geschieht, wenn er stirbt? Warum haben wir uns nicht gefunden? Nehmen wir an, wir verpassen ihn. Wenn er nun jung starb? Oder warum haben wir uns mit jemand anderem eingelassen? Wo liegt das Problem? Bei mir?

Solche Fragen sind weder dumm noch belanglos. Dieses Buch wird sie alle beantworten und dich außerdem Schritt für Schritt anleiten, dich auf deinen Seelenpartner vorzubereiten und ihn ausfindig zu machen.

Die Vorbereitung

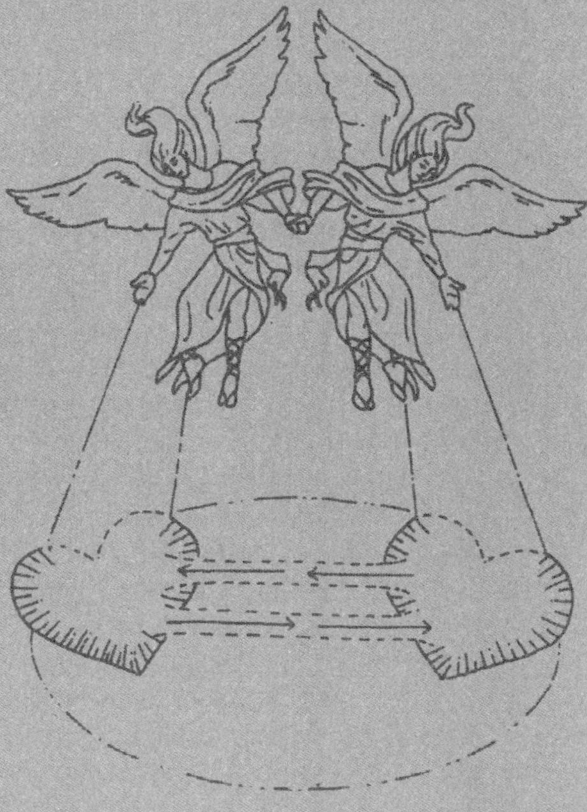

Seelenpartner

In dem Film »Made in Heaven« begegnen sich zwei Seelen im Himmel und verlieben sich. Für eine Weile ist ihnen eine wundersame Glückseligkeit beschieden, doch dann beschließt die Frau, sich auf der Erde zu inkarnieren. Zutiefst unglücklich über den Verlust und in der Hoffnung, sie zu finden, nimmt auch der Mann Menschengestalt an. Aber dann vergisst er seine Suche, obwohl sich die beiden im Laufe der Jahre mehrmals nur knapp verfehlen. Doch eines Tages laufen sie auf der Straße aneinander vorbei, spüren etwas und drehen sich um. Sie schauen sich an und fallen sich in die Arme. Es ist romantisch, es ist rührselig. Es ist die spontane Verbindung zweier Seelen.

Gleichgültig wie sich unsere Liebesbeziehung gestaltet, gut oder schlecht, tief im Innern ersehnen wir alle diese Seelenberührung – jene ungewöhnliche Verbindung, die unsere üblichen Beziehungen bei Weitem übersteigt und eine völlig andere Ebene unseres Seins anspricht. Wir werden sie nicht eher kennenlernen, als bis wir sie erlebt haben. Es spielt keine Rolle, wie wir unser Verlangen nach einem Geliebten zum Ausdruck bringen, sobald wir unseren Seelenpartner finden, ändert sich unser Gefühl ganz und gar; es ist so tief, so innig, so richtig – und so selbstverständlich!

Wie viele von uns haben sich doch eine solche Szene erträumt: Am anderen Ende des Zimmers siehst du eine Person, eure Augen treffen sich. Ein Ruck durchfährt dich und erschüttert dich bis ins Mark. Du denkst, Spitze! Endlich ist es soweit! Endlich hast du deinen Seelenpartner gefunden! Es ist die Erfüllung aller Träume!

Du hast deinen besonderen Partner gefunden – in der Liebe, der Vertraulichkeit und im Leben.

Einige Leute haben den Seelenfreund als ihre andere Hälfte beschrieben, vergleichbar mit eineiigen Zwillingen, zwei Teilen eines Ganzen, einer Seele in zwei Körpern. Wenn du ihr begegnest, spürst du diese vertraute, diese geistige Verbundenheit, die dich vollkommen und ganz sein lässt. Es gibt nichts Innigeres als dieses gemeinsame Band, und mit einem Male erkennst du, was dir so lange gefehlt hat. Die Vorstellung einer einzigen Dualseele bedeutet, dass es für dich nur diese eine Möglichkeit zur wahren Liebe gibt.

Manche Leute sprechen von mehreren Dualseelen, das heißt, es gibt nicht nur einen einzigen Partner, sondern eine bestimmte Schwingung, die du mit mehreren Seelen gemeinsam hast. Diese Seelenfreunde helfen dir, mit den Lektionen, dem Karma oder den Erfahrungen fertig zu werden, denen du in bestimmten Lebensabschnitten gegenüberstehst. Euer Zusammensein mag daher unterschiedlich lange dauern, vielleicht ein Leben lang, oder aber ihr trennt euch, wenn die gemeinsame Arbeit beendet ist.

Eine solche Seelenpartnerschaft bedeutet, dass diese Beziehungen von verschiedenen persönlichen Entwicklungsebenen beeinflusst werden (und diese widerspiegeln). Daher unterscheidet sich der Seelenfreund in deinen Zwanzigern sicherlich stark von dem in deinen Vierzigern, da deine Einstellungen, deine Bedürfnisse und deine Verhaltensweisen sich geändert haben.

Der Sinn liegt darin, dass ihr euch bei der Bewältigung eurer Probleme, Ängste und Schwierigkeiten gegenseitig beisteht, um heil und hoffentlich gestärkt daraus hervorzugehen. Ich persönlich befürworte die Theorie von der Existenz mehrerer Seelenpartner, von denen jeder diese besondere Schwingung besitzt, die euch gemeinsam ist. (Ich halte nicht viel von der Vorstellung, dass es nur »eine einzige Chance« gibt.) Ich glaube jedoch auch, dass es diese eine ganz besondere Person gibt, die du vielleicht tatsächlich findest (oder auch nicht) und die deine andere Hälfte ist. Doch ob es sich dabei um deine Dualseele handelt oder nur um einen deiner schwingungsgleichen Partner, du solltest in jedem Falle denjenigen kennenlernen, der zu diesem Zeitpunkt für dich der richtige ist – der dich ergänzt.

Der nächste Schritt ist es, diesen zu finden.

Gleichgültig welche Art von Seelenpartner du anziehst, er ist dir mit Sicherheit vertraut. Ihr beide seid in anderen Leben zusammen gewesen. Eure Beziehung war so eng und eure Verbindung so stark, dass ihr keine andere Wahl hattet, als beisammen zu sein. Es war einfach Schicksal. Da viele von uns nach persönlicher Entwicklung, Selbstheilung und Wachstum streben, beschleunigen und vertiefen solche Beziehungen zwischen Seelenpartnern unseren Lernprozess. Wenn du dieses Buch liest, bist du zumindest neugierig oder sehnst dich sogar nach deiner Ergänzung. Viele Menschen hegen diesen Wunsch.

Wie findest du deinen Seelenpartner? Wo ist er? Wie erkennst du, ob du ihn gefunden hast? Und wenn, bleibt ihr dann immer zusammen? Was, wenn er stirbt? Warum habt ihr euch noch nicht gefunden? Nehmen wir an, ihr verpasst euch. Was, wenn er jung starb oder eine Beziehung mit jemand anderem eingegangen ist? Woran liegt es? Bin ich es? Wo liegt die Hürde? Ist es mein Mundgeruch? Sind es meine krummen Zähne? Ist es meine Persönlichkeit? (All das sind Urteile über dich selbst, es hat nichts mit der Wahrheit zu tun.)

Wenn du denkst, solche Fragen seien hirnverbrannt oder belanglos, dann irrst du. Sie werden immerzu gestellt, da die Leute befürchten, dass es wirklich nur eine einzige Chance gibt, das wahre Glück zu finden und dass sie in diesem Leben ihre Gelegenheit verpasst haben, da sie nicht mit ihrem Seelenpartner zusammen sind.

Nur eine einzige Chance zu besitzen, eine einmalige Gelegenheit, die für immer vorbei ist, wenn man sie nicht wahrgenommen hat, scheint unfair und unlogisch zu sein. Keine Beziehung mit unserem Seelenpartner eingehen zu können, jenem Menschen, der so vieles mit uns gemeinsam hat und der uns beiden zum Wachstum verhilft, heißt, dass der Hauptanteil unseres Lebenszwecks infrage gestellt wird, es sei denn, wir haben vor unserer Geburt ganz bewusst die Entscheidung getroffen, nicht zusammen zu sein (und selbst das kann sich ändern).

Was ist los? Was trennt euch beide voneinander. Es gibt verschiedene Gründe dafür, doch ich will nur einige erwähnen.

- *Unerledigte Aufgaben mit einer anderen Person*
- *Deine ungelösten Familienprobleme (gewaltige!)*
- *Mangel an Zeit, kein Verlangen oder fehlender Beweggrund*
- *Angst, tatsächlich das zu bekommen, was du dir wünschst*
- *Verpflichtungsprobleme*
- *Karma*

Dies sind einige der Hauptgründe, die euch trennen, obwohl es gewiss auch noch andere gibt. Aber welche sie auch sein mögen, das Ergebnis bleibt das Gleiche – du hast keine Verbindung zu deinem Seelenpartner.

Nun bist du dazu verurteilt, überall nach ihm zu suchen (bewusst oder unbewusst). Jedem, dem du begegnest, ins Gesicht schauend, auch der Person, die du schließlich heiratest oder als Partner wählst, fragst du dich: »Wo ist mein Seelenpartner?« Vielleicht stellst du schweigend die Frage: »Bist du es?«

Du kannst nicht sicher sein, da du die Energie deines Seelenpartners nicht kennst. Wie könntest du auch? Sie ist dir nicht vertraut. Selbst wenn du deinem Seelenpartner begegnen würdest, erkennst du ihn vielleicht nicht einmal!

Und dann gibt es noch eine andere Möglichkeit. Du hast deinen Seelenpartner gefunden, du bist mit ihm eine Beziehung eingegangen – doch sie ist gescheitert.

Aaron und Lisa verkündeten: »Wir sind Dualseelen.« Sie heirateten. Einige Jahre später trennten sie sich und Aaron erklärte: »Sie war nicht meine richtige Seelenpartnerin; ich habe mich geirrt.« Doch sie war es tatsächlich. Falls sie an die Theorie einer einzigen Seelenverwandtschaft glaubten (was sie taten), wäre ihre gescheiterte Beziehung zu schmerzlich für sie gewesen. Sie hatten es nicht geschafft, dass sie funktionierte, und sie würden niemals mehr eine andere Gelegenheit haben, mit ihrem Seelenpartner zusammen zu sein. (Wie kann man sich selbst nur so etwas Schreckliches antun?)

Doch indem sie ihre Seelenverwandtschaft abstritten, konnten sie den Schmerz des Auseinanderbrechens ihrer Beziehung leichter ertragen. Anderenfalls wären sie an den Selbstvorwürfen erstickt. »Wie konnte ich mich nur so irren? Wie konnte ich nur annehmen, meinen Seelenpartner/meine Seelenpartnerin gefunden zu haben, was offensichtlich nicht der Fall ist?« Indem sie ihre Beziehung als Fehler darstellten, stritten sie deren Wirklichkeit ab, um sich davor zu schützen, dass Selbstvorwürfe und Schuldgefühle an ihnen nagten.

Als es Aaron schließlich gelang, die Möglichkeit mehrerer Seelenverwandtschaften zu erkennen, konnte er akzeptieren, dass er und Lisa tatsächlich Seelenpartner waren und sie gemeinsam ihre Lektionen gelernt hatten. Die von ihnen geschaffene Beziehung war für ihre persönliche Entwicklung zu jenem Zeitpunkt genau richtig gewesen.

Wenn du annimmst, dass ihr beide zusammengekommen seid, um eine bestimmte Aufgabe zu erfüllen oder eine Lektion zu lernen, fällt es dir leichter, die Lektionen zu akzeptieren und weiterzugehen.

Ich persönlich erachte es für das Schlimmste, wenn man nicht fähig ist, überhaupt eine Beziehung in Gang zu bringen. Und das geschieht immer wieder – denn du bist nicht reif, deinem Seelenpartner zu begegnen.

Was solltest du unternehmen, um dich auf deinen Seelenpartner vorzubereiten? Eine Menge. Doch dazu musst du dich in erster Linie auf dich selbst besinnen, deine eigene Veränderung freudig begrüßen und an den Vorgang glauben. Dabei wirst du deine persönliche Schwingung anheben. Das wiederum eröffnet dir neue Möglichkeiten und zieht Menschen an, die nach dieser neuen Schwingung Ausschau halten.

Es verhält sich wie bei einem Radio. Du kannst nur die Sender empfangen, für die es ausgestattet ist. Ein Kurzwellenempfänger nimmt mehr Nachrichten auf als ein AM/FM-Radio, und bei einer Bandbreite fünf können noch sehr viele mehr empfangen werden. Um die Reichweite deines Empfängers zu vergrößern (zum Beispiel, sein Aufnahmepotential zu erweitern), musst du sein Inneres verbessern oder gegen ein stärkeres Gerät mit größerer Bandbreite eintauschen. Was hat das mit Seelenpartnern zu tun? Nun, wenn du auf der AM-Welle sendest, dein Seelenpartner aber auf FM eingestellt ist, wird es keine Verbindung zwischen euch geben. Oder wenn dein AM/FM-Radio schwach ist, kann es nur wenige Stationen, von denen eine dein Seelenpartner ist, klar empfangen.

Du musst mehr Saft geben. Bloßes Wunschdenken bringt deinen Partner nicht herbei. Du musst wie ein Weihnachtsbaum erstrahlen, damit die richtige Person (und nur diese) dich erblicken kann. Sie wird dich mit Sicherheit nicht übersehen.

Wie du das machst? Indem du alle deine Zellen – deinen Verstand, deinen Geist, dein Herz, dein ganzes Sein – indem du alles der Aufgabe widmest, deinen Seelenpartner Gestalt annehmen zu lassen.

Beim Durchblättern der einzelnen Übungen wirst du sehen, dass es viele Möglichkeiten gibt.

Sich verpflichten

Denke über einige Dinge nach, die du in deinem Leben getan hast. Was hast du unternommen, damit sie Wirklichkeit wurden? Für mich bedeutete es, klar zu erkennen, was ich eigentlich wollte, und es dann zu verfolgen. Als ich mich auf den Abschluss als Beraterin vorbereitete oder mein erstes Buch schrieb, konzentrierte ich mich völlig auf diese Ziele. Alles andere entwickelte sich von alleine.

Aber ich war nicht immer erfolgreich. Ich habe viele Vorhaben halb fertig fallengelassen, weil ich sie unklar begonnen hatte oder es sich lediglich um Aufzeichnungen oder Vorstellungen handelte. Irgendetwas fehlte ihnen. Sie fingen nicht Feuer, sie erregten nicht meine Aufmerksamkeit und Konzentration. Und ich habe innerlich nicht hundertprozentig hinter ihnen gestanden.

Die Begegnung mit dem Seelenpartner erfordert, dass man sich hundertprozentig festlegt und darauf konzentriert. Es genügt nicht zu sagen: »Ja, ich möchte diese Beziehung.« Du musst dich dazu verpflichten, eine Beziehung mit deinem Seelenpartner einzugehen, noch bevor er zu dir kommt. Genau davon handelt dieses Buch – die Vorbereitung auf den Seelenpartner.

Die Fähigkeit, deine Wünsche zu manifestieren, ist unmittelbar damit verbunden, wie gut du deine Energie zu sammeln vermagst. Gewöhnlich sind wir sehr zerfahren und müssen daher lernen, uns zu konzentrieren. Je intensiver wir mit unserem Ziel und unserer Absicht in Einklang schwingen, je stärker wir danach verlangen, das Ziel zu erreichen, desto mehr Kraft werden wir gewinnen und um so eher vermögen wir, das, was wir wollen, zu verwirklichen. Indem du dich also darauf konzentrierst, deinen Seelenpartner mit ganzem Herzen, Verstand, Körper und Geist zu manifestieren, stößt du auf keinerlei Hindernisse. Du bist zu einer unwiderstehlichen Kraft geworden.

Und was dann?

Es gibt einen berühmten Grundsatz: Sei vorsichtig, was du dir wünschst, denn du wirst es bekommen. Wenn du dir deinen Seelenpartner wünschst, wirst du ihm begegnen. Die Frage, die du dir stellen musst, lautet, ob du für ihn bereit bist und ob auch für ihn die Zeit reif ist.

Während du daran arbeitest, deinen Seelenpartner in dein Leben zu bringen, werden sich viele deiner eigenen Erwartungen und Wünsche offenbaren und dir Gelegenheit bieten, sie unter die Lupe zu nehmen, sie zu ändern oder wenn nötig sogar aufzugeben. Dazu mögen unrealistisch hohe Erwartungen gehören oder Vorstellungen und Gefühle, die in keinerlei Beziehung zu der Wirklichkeit stehen, die du manifestieren möchtest.

Fred erzählte mir: »Ich glaubte, meine Seelenpartnerin gefunden zu haben, aber sie enttäuschte meine Hoffnungen; deshalb beschloss ich, keine Verbindung einzugehen.« Wie konnte er das wissen, ohne sie näher kennenzulernen? Seine Erwartungen und sein Urteil standen im Weg.

Leslies Idealmann war ein Meter zweiundachtzig groß und muskulös. Danach hielt sie Ausschau. Auch sie suchte nach ihrem Ideal und traf alle möglichen Männer, die ihrer Vorstellung entsprachen, doch keiner von ihnen war ihr Seelenpartner.

Nur wenn du deine Erwartungen wirklich beiseite schiebst und beginnst, von deinem Seelenpartner zu träumen, ihn dir vorzustellen und ihn herbeizurufen, kannst du beginnen, die gefühlsmäßige, geistige und physische Gestalt dieser Person zu spüren. Als Leslie diese Übungen durchführte, entdeckte sie, dass ihr Seelenpartner kleiner als sie war, was sie schockierte. Auch seine Pummeligkeit machte sie nicht gerade glücklich. Das zwang sie jedoch dazu, sich ihre Einstellung bezüglich Gewicht, gutes Aussehen und Vollkommenheit beziehungsweise deren Mangel vor Augen zu halten, und es stellte sich heraus, dass diese sich an ihre eigenen Probleme hinsichtlich Selbstbewusstsein knüpften. Glücklicherweise hatte sie sich bereits mit einem großen Teil ihrer Ängste und ihrer Selbsteinschätzung auseinandergesetzt, als sie ihm tatsächlich gegenüberstand. Er war gar nicht so klein und pummelig, wie sie befürchtet hatte (nur drei Zentimeter kleiner und kaum zwanzig Pfund Übergewicht) – doch damit konnte sie sich abfinden und ihn akzeptieren, denn das Wichtigste war, dass er sich als der Richtige für sie entpuppte.

Wie man dieses Buch benutzt

Da du das Buch jetzt geöffnet hast, möchtest du die Übungen vielleicht am liebsten überfliegen und entscheiden, welche von ihnen dich am ehesten ansprechen und dann die anderen übergehen, da sie dich nicht interessieren. Das liegt daran, dass sie ein weites Feld an Möglichkeiten abdecken. Einige Ideen helfen dir, dich von alten Mustern zu befreien, während andere ganz gezielt auf die Anziehungskraft ausgerichtet sind. Du magst der Versuchung erliegen, alle diejenigen Übungen durchzuführen, die der Anziehung dienen und keine von jenen, die auf das Loslassen hinzielen.

Widerstehe dieser Versuchung!

Wenn du nicht daran arbeitest, loszulassen, werden die Übungen für die Anziehungskraft nicht dieselbe Stärke oder Wirkung besitzen. Du brauchst beides, Loslösung und Anziehung. Das Loslassen, um dich von den alten Dingen zu befreien, und die Anziehungskraft, um das Neue hereinzulassen.

Abgesehen von diesen beiden Überlegungen gibt es keine Verpflichtung, alle Übungen durchzuführen. Deshalb gibt es ja auch einundzwanzig. Wähle diejenigen aus, die du für richtig hältst. (In dem Kapitel »Bevor du beginnst« findest du Vorschläge, die für die jeweilige Stufe, bis zu der du dich festlegen möchtest, geeignet sind.) Du brauchst diesen Übungen auch nicht sklavisch zu folgen. Wenn du glaubst, sie abändern zu müssen, weil das der Sache mehr Schwung oder Kraft verleiht, dann tue es. Sie sind nicht in Stein gemeißelt. Da es sich um deine mystische Reise handelt, stehen dir verschiedene Hilfsmittel zur Verfügung. Jedes einzelne besitzt seine eigene Kraft. Im Zusammenspiel aber sind sie unglaublich stark.

Jede Übung stärkt deine Fähigkeit, deinen Seelenpartner anzuziehen. Vielleicht sucht er irgendwo da draußen ebenfalls nach dir. Auch ihm ist bewusst, dass er nicht glücklich ist, selbst wenn er in einer Beziehung steht. Bei diesen Übungen geht es darum, mit dem Seelenpartner in Einklang zu schwingen.

Beziehungen

Solltest du dich jedoch schuldig fühlen, diese Übungen durchzuführen, weil du bereits in einer Beziehung stehst, mache sie nicht. Du wirst das manifestieren, worum du bittest, und du wirst dann echt in der Klemme sitzen. Um alles in der Welt, arbeite nicht daran, deinen Seelenpartner zu manifestieren, wenn du nicht zu einer Verbindung mit ihm bereit bist!

Übereifer

Zu viele Aktivitäten können zerstörerisch sein. Nimm nicht fünfzehn Übungen auf einmal in einer Woche in Angriff. Es wird dir weder nützen noch die Art von Erfahrung bringen, die du erwartest. Es ist so, als ob man in eiskaltes Wasser springen würde. Dein Körper wird einen Schock erleben, was soviel bedeutet, wie, krank zu werden oder eine solche feindselige Einstellung dem Ausdruck »Seelenpartner« gegenüber zu entwickeln, dass du in die entgegengesetzte Richtung läufst.

Entspanne dich und gehe langsam vor. Es genügt, den Prozess anzuerkennen. Lasse zu, dass sich alles in seinem natürlichen Rhythmus und Tempo entfaltet.

Einige dieser Übungen sollten jeden Tag durchgeführt werden, zum Beispiel der Gesang, die Affirmationen oder die gründliche Reinigung. Andere Übungen müssen sorgfältig vorbereitet werden. Nimm dir die Zeit, nicht nur daran zu arbeiten, sondern es auch zu genießen und in deinem Körper und in deinem Energiefeld zu spüren, wie gut es tut.

Freier Wille

Deinen Seelenpartner herbeizurufen, ist ein annehmbares Ziel, doch mit einem großen Vorbehalt, und das ist der freie Wille. Die andere Person mag sich entscheiden, nicht zu kommen oder nicht zu bleiben.

Diese Übungen nehmen ihr nicht die Willensfreiheit oder verletzen ihre Rechte. Es ist ihre Entscheidung - und die deine - ob ihr eine Beziehung miteinander eingehen werdet. Deshalb besitzen wir den freien Willen.

Sollte die Verbindung nicht bestehen bleiben, kann das unter anderem an folgenden Gründen liegen:

- *Die Beziehung sollte nicht sein.*
- *Ihr seid noch nicht bereit dazu.*
- *Ihr habt vor eurer Geburt beschlossen, euch in diesem Leben nicht zu begegnen.*
- *Es gibt Dinge, die zuvor noch erledigt werden müssen (Karma).*

Deshalb sollten bei der Durchführung dieser Übungen stets die Worte »In Einklang mit meinem höchsten Guten« eingeschlossen werden. Es geht nicht darum, was du glaubst zu wollen, sondern darum, dass dein höheres Selbst weiß, was richtig für dich ist. Du magst es momentan als schmerzlich empfinden, wenn es nicht funktioniert, aber im Hinblick auf die Zukunft wirst du froh sein, dass keine Fehler gemacht worden sind.

Mein Einwand

Obwohl ich nicht versprechen kann, dass du deinen Seelenpartner finden wirst – schließlich weißt nur du, ob du bereit dafür bist – garantiere ich eines: Du wirst dich verändern.

Den Schrank aufräumen

Die Leute übersehen einen wesentlichen Bestandteil des Beziehungswirrwarrs, wenn sie versuchen, ihren Seelenpartner anzuziehen, und zwar den Grundsatz: »Um etwas Neues hereinzulassen, muss man sich von dem Alten trennen.« Betrachte es als das Ausräumen deines psychischen Kleiderschranks, wenn du dich von dem Alten, Abgetragenen und Nutzlosen löst. Das heißt, du musst dich von deinen Ängsten, Gewohnheiten, Geliebten und der Familientradition befreien, die dich in der Vergangenheit festhalten, um wahrhaft auf deinen Seelenpartner vorbereitet zu sein.

Stelle dir einen vollgestopften Kleiderschrank vor (für viele von uns trifft das den Nagel auf den Kopf). Du kannst kaum noch ein anderes Kleid, einen Rock oder Anzug hineinzwängen und musst kämpfen, die Dinge hervorzuziehen, sodass sie schließlich faltig und zerknüllt aussehen. Vieles ist grau, alt, verblasst, zerrissen oder nicht mehr in Mode.

Bildlich gesprochen heißt dies, dass du an abgedroschenen Vorstellungen, Mustern, Überzeugungen, Wünschen und Ängsten festhältst, gleichgültig wie nutzlos und überholt sie sind - genauso wie deine Kleider. Es wird Zeit, sie zu überprüfen, zu lüften und notfalls wegzuwerfen. Das gibt dir innerlich Raum, auf einer höheren Entwicklungsstufe etwas Neues anzunehmen.

Was kostet es dich, deine inneren Muster zu verändern? Es hilft, wenn du auf der physischen Ebene beginnst, indem du einen Schrank aufräumst. (Falls du dir nicht deinen Kleiderschrank vornimmst, mache dich an den Speicher, den Keller, die Garage oder die Küche). Frühjahrsputz zu allen

Jahreszeiten bietet die Gelegenheit, deine Kleider oder andere Besitztümer auszusortieren und zu entscheiden, was du wirklich behalten willst und wovon es sich zu lösen gilt.

Plane einen ganzen Tag, um den Schrank auszumisten. Ob du es glaubst oder nicht, es ist ein großes Unterfangen (nicht nur physisch, sondern auch psychisch). Sich von alten Kleidern, besonders Lieblingsstücken, zu lösen, kann ein schmerzliches Erlebnis sein.

Während du deine Kleidung durchstöberst, beachte die folgenden Fragen oder Überlegungen:

- *Ist das etwas, was ich wirklich will oder benötige? (Das trifft vor allem zu, wenn es sich um ein schäbiges, graues, verflecktes, altes oder schmutziges Stück handelt und/oder es jedermann peinlich ist, dich darin zu sehen.)*
- *Ist es etwas, das ich wirklich nicht tragen werde? (Zu groß, zu klein, von schlechtem Schnitt und Sitz, mich wie ein Elch aussehen lässt.)*
- *Behalte ich es aus sentimentalen Gründen, obwohl es aus der Mode gekommen ist? (Aber mein erster Freund liebte dieses Kleid an mir, obgleich sein Stil komisch ist und ich nicht mehr hineinpasse.)*
- *Ich habe es niemals getragen, aber es hat mir gefallen, als ich es kaufte. Vielleicht werde ich es eines Tages anziehen – vielleicht. (Und es ist immer ein Staubfänger gewesen.)*
- *Ich sehe gut darin aus, hatte aber nie Gelegenheit, es zu tragen. (Wie viele solcher Kleider brauchst du?)*
- *Es ist zwar völlig kaputt, aber so ein alter Freund. (Freunde lassen Freunde nicht hässlich aussehen.)*
- *Passe ich noch in diese Kleider? (Nun, ich hoffe im nächsten oder übernächsten Jahr, wenn ich abgenommen habe.)*

Wenn du irgendwelche Kleider besitzt, auf die diese Aussagen passen, dann ist es an der Zeit, sich von ihnen zu trennen (ebenso wie von überholten Glaubens- oder Verhaltensmustern). Behalte nur die Kleider, die du tatsächlich anziehst und die sich in einem gutem Zustand befinden. Wirf diejenigen weg, die du niemals tragen wirst, abgetragen hast oder die du nicht tragen solltest, weil sie unmodern sind, schlecht aussehen und dir nicht mehr passen. Solche Kleider spiegeln deine Einstellungen wider, die unrealistisch und überholt oder selbstmindernd sind, dich zurückhalten und verhindern, dass etwas Gutes auf dich zukommt, zum Beispiel dein Seelenpartner.

Es mag dich mehrere Anläufe kosten, dich von all den Kleidungsstücken zu befreien, die du wirklich weggeben musst. Sobald es dir aber gelungen ist, magst du etwas Außergewöhnliches erleben - ein Gefühl unsagbarer Zufriedenheit, Triumph, Erleichterung und sogar Angst - denn du hast dich von altem, vertrautem Zeug getrennt, und in das Unbekannte hinauszutreten, das ist unheimlich. Wenn du dich von Dingen befreist, die dich gefangen nehmen, indem du dich physisch von ihnen löst, befreist du dich auch von einer riesigen emotionalen Bürde - einer, von der du nicht einmal etwas gewusst hast.

Wenn du gründlich vorgegangen bist, wirst du schließlich vor einem Schrank stehen, der nur noch zu einem Drittel voll ist - nicht zu einem Drittel leer! Der nächste Schritt heißt, etwa einen Monat lang nichts zu tun. Lasse dir Zeit, dich an deinen neuen physischen und emotionalen Freiraum zu gewöhnen und Körper und Geist der neuen Landschaft anzupassen. Wenn du dann anfängst, neue Kleider zu kaufen, werden sie beginnen, dein neues Selbst widerzuspiegeln.

Luise besaß einen Schrank, der von einer Wand zur anderen reichte und mit bis zu zwanzig Jahre alten Kleidern vollgestopft war. Wegen ihres Übergewichts befanden sich darunter auch Stücke in verschiedenen Größen, was ihre Gewichtsschwankungen reflektierte. Sie hegte die Hoffnung, genügend abzunehmen, um sie eines Tages tragen zu können. Ich half ihr zu erkennen, dass selbst wenn sie ihr Idealgewicht erreichen sollte, diese Kleider längst unmodern wären und es keinen Sinn hätte, sie zu behalten. Außerdem war es an der Zeit, sich so zu akzeptieren, wie sie jetzt war.

Sie brauchte einen ganzen Monat, um den Schrank völlig auszumisten, der dann schließlich nur noch zu einem Sechstel voll war. Wie sie mir erzählte, musste dieses Hinausschmeißen der Kleider zu ihren schmerzlichsten Erfahrungen gehört haben, da sich mit ihnen Erinnerungen, Überzeugungen, Träume und Ängste verknüpften. Als sie ihre Arbeit beendet hatte, fühlte sie sich von einer großen Last befreit, was sich in erstaunlicher Weise in ihrem Leben widerspiegelte. Sie entledigte sich ihrer alten Beziehung, ihres langweiligen Jobs, veränderte ihre Lebensumstände und begann abzunehmen. (Was für Luise zutraf, ist natürlich genauso für jeden Männer-Kleiderschrank gültig.)

Die gleichen Gesetzmäßigkeiten treffen auch für eine Seelenpartner-Beziehung zu.

Hilfen

Bevor du in dieses Übungsprogramm hineinspringst, möchtest du vielleicht etwas über einige Helfer wissen – physische und geistige – auf die du zurückgreifen kannst. Wenn man sich einer solchen intensiven Arbeit zuwendet, ist es immer gut, zur Unterstützung und Hilfe auf Verbündete zurückzugreifen. Zwei von ihnen sind dein höheres Selbst und die Engel. Bereitwillig stehen sie dir liebevoll und urteilsfrei zur Seite. Du brauchst sie nicht zu fürchten.

Vielleicht glaubst du es jetzt noch nicht, aber wenn du beginnst, auf eine Begegnung mit deinem Seelenpartner hinzuarbeiten, können sehr leicht Ängste und Selbsturteile auftauchen und du zweifelst daran, einer Beziehung überhaupt würdig zu sein. Einen Engel oder dein höheres Selbst an deiner Seite zu haben, erinnert dich daran, dass du liebenswert bist und eine Verbindung mit deinem Seelenpartner verdienst – was den Prozess sicherer und einfacher gestaltet. Auf diese Helfer möchte ich etwas näher eingehen.

Das höhere Selbst

Das höhere Selbst ist deine weise, unsterbliche Seele. Es wirkt als Brücke zwischen dem Vater-Mutter-Gott und dir. Aber seine eindeutigen Botschaften sind wegen der Einmischung durch die Beurteilung und das Geschwätz deines Verstandes oft schwierig zu vernehmen. Die Meditation oder andere Übungen, die ihn zum Schweigen bringen, lässt dich die Weisheit und Liebe deines höheren Selbst erfahren.

Da es alles über dich weiß, erliegt es keiner Illusion über dich und deine sogenannten Makel. Weder können es Außenstehende oder dein Verstand beeinflussen noch Furcht und Not überwältigen. Du selbst magst ärmlich über dich denken, dein höheres Selbst aber nicht. Es wünscht nichts inniger als dein größeres Wohlbefinden. Dazu gehört auch die Begegnung mit deinem Seelenpartner (solange es mit dem höchsten Guten im Einklang steht).

Schutzengel

Dein Schutzengel ist ein Wesen, das dich unsichtbar begleitet. Du magst einen oder sogar mehrere Schutzengel haben. Wie dein höheres Selbst, so wollen auch sie nur dein Bestes, aber im Gegensatz zu dem höheren Selbst sind sie nicht ein Teil von dir. Es kann sich um Leute handeln, die dir sehr zugetan waren, als sie noch lebten, wie Großeltern, die sich in körperloser Form wieder um dich kümmern; es können aber auch nur freundliche Unbekannte sein.

Wie dein höheres Selbst, gibt dir auch dein Schutzengel weise Ratschläge, doch seine Hauptaufgabe besteht darin, dich bei deiner Arbeit zu beschirmen und zu unterstützen.

Kindern ist die Vorstellung von Schutzengeln sehr vertraut. Jene unsichtbaren Freunde, mit denen sie sprechen, sind gewöhnlich tatsächlich ihre Schutzengel, von denen sie liebevoll begleitet werden.

Engel

Heutzutage wird sehr viel über Engel gesprochen. Viele Menschen glauben an ein Eingreifen dieser Wesenheiten, obwohl sie die Theorie von einem höheren Selbst ablehnen oder sich unwohl dabei fühlen, mit dem Vater-Mutter-Gott zu sprechen. Engel sind zuverlässige Vermittler. Du brauchst sie nur anzurufen, und sie werden dir gerne zur Seite stehen. Da sie in der Gunst des Vater-Mutter-Gottes stehen, segnen sie deine Arbeit mit göttlicher Kraft und himmlischem Wohlwollen.

Das höhere Selbst und die Engel erscheinen in mannigfacher Form, Größe und Dimension. Einige mögen als Götter und Göttinnen erscheinen. Manche gleichen dir oder auch nur Energieformen, während andere bloß als unsichtbare, aber reale Gegenwarten gespürt werden können. Vielleicht merkst du auch überhaupt nichts. Obwohl du dein höheres Selbst oder deinen Schutzengel beim erstmaligen Anrufen nicht entdecken magst, so sind sie doch immer für dich da.

Eine Übung, um deinem höheren Selbst oder deinem Schutzengel zu begegnen

Diese Übung hilft dir, Kontakt zu deinem höheren Selbst oder deinem Schutzengel aufzunehmen. Du kannst auch ohne ihre Hilfe vorgehen, doch mit diesen Verbündeten an deiner Seite gewinnen die Übungen mehr an Kraft. Du kannst sie jederzeit durchführen, aber ich möchte dir ans Herz legen, sie vor den Seelenpartner-Übungen durchzuführen.

- *Stelle dir einen bestimmten Ort vor – einen nach deinem Geschmack eingerichteten Raum, einen lieblichen Wald oder eine Wiese, einen Berg oder eine Küste. Da Raum und Zeit in deiner Vorstellung veränderbar sind, kannst du ganz nach Belieben irgendeine Landschaft erschaffen.*
- *Bitte dein höheres Selbst/deinen Schutzengel, dich dort zu treffen. Betrachte sie genau. Fühle ihre Anwesenheit. Vielleicht spürst du sogar die Liebe, die sie dir entgegenbringen. Sonne dich darin.*
- *Lasse sie wissen, dass du daran arbeiten möchtest, deinen Seelenpartner zu dir zu holen und bitte sie um ihre Hilfe. Vielleicht erhältst du eine Antwort, vielleicht auch nicht. Es spielt keine Rolle.*
- *Öffne deine Augen nach einer Weile, kehre zurück und erinnere dich daran, dass du dein höheres Selbst/deinen Schutzengel jederzeit anrufen kannst. Sie sind immer da.*

Altar

Eine weitere Hilfsquelle, zu der ich dir raten möchte, ist ein Altar. Er dient als Brennpunkt für Gegenstände, die dir am Herzen liegen.

Dein Altar ist dein heiliger Ort. Es kann ein Regal oder ein Tisch sein, aber ohne Krimskrams. Es sollen nur solche Gegenstände draufstehen, die dir heilig sind. Altäre werden dazu benutzt, bestimmte Energiearten heraufzubeschwören und gewisse höhere Wesen anzurufen. Wenn du davor betest oder meditierst, fühlst du dich mit dem Vater-Mutter-Gott, deinem höheren Selbst, deinen Engeln und allen erhabenen Wesenheiten verbunden.

Viele dieser Übungen bestehen darin, bestimmte Gegenstände zu schaffen, die du dann vielleicht auf deinem Altar aufbewahren möchtest, damit sie dich stets daran erinnern, was und wen du anrufst. Dies ist von besonderer Bedeutung, wenn du die Essenz deines Seelenpartners herbeiziehst. Dich beim Singen, beim Ablegen von Gelöbnissen oder bei den Übungen auf einen deiner Talismane zu konzentrieren, stärkt den gesamten Vorgang.

Falls du es vorziehst, deine Gegenstände nicht auszubreiten, weil es dir an Privatsphäre fehlt oder du glaubst, sie könnten durcheinandergebracht werden oder weil du dich einfach nicht wohl dabei fühlst, dann lege sie in einen eigens zu diesem Zweck bestimmten Kasten. Bringe sie nicht mit deinen Alltagsdingen zusammen. Seelenpartner-Arbeit ist etwas ganz Besonderes; sie ruft einen ganz spezifischen Energiewirbel hervor. Wenn du deine besonderen Gegenstände mit den gewöhnlichen Dingen zusammenwürfelst, minderst du deine Arbeit und zerstreust das Energiefeld, das du aufbauen willst.

Falls du keinen Altar besitzt, dann solltest du dir überlegen, einen zu bauen. Welche Art wäre die beste? Wir brauchen uns nicht länger damit zu befassen. Die einfachste Form besteht oft aus einem Regal oder einem kleinen Tisch, auf die du deine heiligen Objekte aufbauen kannst – jene Dinge, die eine geistige Bedeutung für dich besitzen, wozu auch Kerzen, Kristalle, Bilder, Statuen und anderes mehr gehören. Das Beispiel eines Altars findet sich auf der folgenden Seite.

Ein Altar kann einige oder alle dieser Dinge umfassen:

➲ *Gegenstände von heiligen Orten (wie Stonehenge, Mount Shasta, Glastonbury, Ägypten, Sedona)*

- *Ein Bild des Dalai Lama*
- *Kristalle und Minerale*
- *Heilige Bücher (die deine geistige Aktivität widerspiegeln)*
- *Statuetten von Buddha oder Kuan-Yin*
- *Engelkarten*
- *Farbige Kerzen zum Anzünden*
- *Blumen*
- *Räucherwerk*
- *Andere Gegenstände, die dein Ziel symbolisieren*

Beispiel für einen Altar

Sobald du deine Seelenpartner-Objekte auf deinem Altar ausgebreitet hast, werden sie von der Energie dieses heiligen Ortes durchtränkt werden.

Hilfsmittel

Im Laufe der Übungen werde ich auf verschiedene Hilfsmittel hinweisen, wie Räucherstäbchen oder andere Düfte, die sich auf die Liebe beziehen, Liebesöl, Kerzen von bestimmter Farbe sowie Bilder und Figuren, die Göttinnen darstellen. Diese Dinge kannst du in den meisten esoterischen und New-Age-Buchhandlungen finden oder solchen, die Ware aus Indien importieren, in Bioläden oder über das Internet. Es gibt ein riesiges Angebot. Du kannst die gewünschten Dinge daher auch bestellen, wenn du in deiner Umgebung nichts finden solltest.

Lasse deinen schöpferischen Geist und deine innere Weisheit entscheiden, wie du deinen Altar gestaltest. Letztlich bringst du damit dich selbst, deinen Geist und dein höchstes Ziel zum Ausdruck. Diese Arbeit wird wie alles, auf das du dich mit Körper, Herz und Verstand konzentrierst, erfolgreich sein, wenn dein Umfeld in Einklang mit dir schwingt und dir ein Gefühl von Liebe und Freude vermittelt.

Vorbereitung

Die Manifestation deines Seelenpartners erfordert eine angemessene Umgebung und Einstellung. Schließlich ist es eine ernste Sache. Zuerst musst du für äußere Ruhe sorgen, das heißt, einen stillen Ort ohne viel Ablenkung. Mit anderen Worten, wenn deine Aufmerksamkeit von Menschen in deiner Nähe in Anspruch genommen wird, dann ist es weder die richtige Zeit noch der passende Ort, um die Übungen durchzuführen. In diesem Fall musst du dich an einen ungestörten Platz zurückziehen.

Als Nächstes solltest du das Energiefeld vorbereiten. Du kannst nicht einfach in die Sache hineinspringen. Bemühe dich, aus der Alltagswirklichkeit sanft in deinen heiligen Raum zu gleiten. Das kann mithilfe von Meditation, Yoga, Energiereinigung und bewusstem Kontakt mit der Erde geschehen. Diese Praktiken versetzen dich in eine ausgeglichene, klare Stimmung und fördern die Aufnahmebereitschaft für die sich entwickelnden Vorgänge.

Folgende Energieübungen haben mir bei der inneren und äußeren Vorbereitung geholfen: das Sich-Erden, Reinigen und Wiederaufbauen von Energie.

Sich auf der Erde verwurzeln

Hierbei handelt es sich um die wichtigste Übung, weil sie dich in deinen Körper zurückbringt und daran erinnert, dass du mit der Erde verwurzelt bist. Deine physische Hülle fühlt sich wohl dabei, denn nur allzu oft ist sie verloren und auf sich selbst gestellt, während der Geist/das Bewusstsein auf eigenen Wegen dahineilt. (Aus diesem Grunde rennst du wohl »zufällig« gegen etwas. Dein Bewusstsein war gerade irgendwo anders und du stolperst ins Unglück.)

Je stärker du geerdet bist, desto bewusster bist du, was bedeutet, dass du die Gegenwart deines Seelenpartners oder deines höheren Selbst sehr viel eher wahrnimmst. Alle deine Erfahrungen werden sinnvoller sein und an Stärke gewinnen.

Dies sind einige einfache Übungen zur Erdung

Methode I

Stelle dir einen Laserstrahl vor, der vom unteren Ende deiner Wirbelsäule in die Erde hinunterstößt und sich in deren Zentrum festhakt. Nun wird der Lichtstrahl immer breiter und bildet eine Säule, die deinen gesamten Körper umfängt. Er dehnt sich nach oben aus und verbindet sich schließlich mit der Sonne.

Methode 2

Stelle dir vor, Mutter Erde erhebt ihre Hände und hüllt dich sanft in sie ein (siehe Bild).

Diese Vorstellung wirkt sich besonders beruhigend aus, wenn du völlig erschöpft, erregt oder verträumt bist und du nicht klar denken kannst. Lasse dich dann einfach in die Hände von Mutter Erde fallen. Es ist einfach und tröstend.

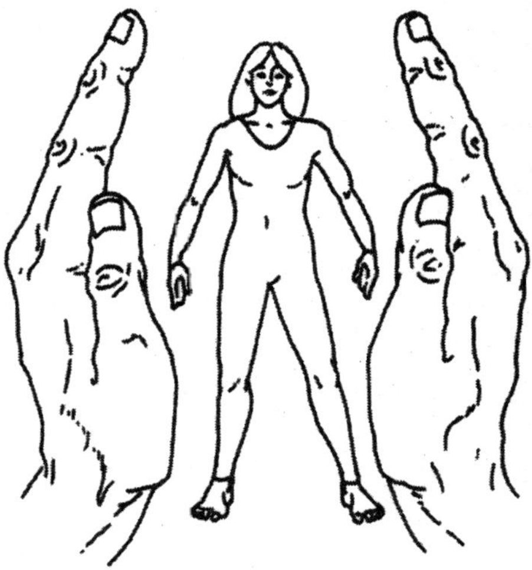

Methode des Erdens:
Lasse die Hände der Mutter Erde dich sanft festigen

Energie-Reinigungsübung

Für diese Arbeit ist es wichtig, dass du deinen eigenen Lebensraum rein hältst. Die meisten von uns wandern umher und sammeln dabei die Energien ihrer Mitmenschen ein, ohne es zu wissen. Das geschieht, wenn wir anderen Leuten begegnen und mit ihnen sprechen - also im gewöhnlichen Alltag. Du solltest dich jedoch nur mit deinem Seelenpartner beschäftigen, nicht mit all jenen, die ihre Energien in deiner Aura (der achtzehn Zentimeter breiten Hülle, die deinen Körper umgibt) zurückgelassen haben. Wenn du jeden Tag deine Aura reinigst, wirst du den riesigen Unterschied bemerken.

Diese Reinigung hilft dir auch, deine persönlichen Grenzen abzustecken. Es heißt soviel wie: »Das ist mein Raum. Ich gehöre hierhin, und alle anderen müssen draußen bleiben.« Es bedeutet nicht, dass du dich von anderen isolierst, da du ja besondere Freunde hereinlassen kannst.

- *Um dich von den fremden Energien zu befreien, stelle dir vor, mit einem großen, goldenen Kamm deine Aura zu bürsten. Fahre tatsächlich mit den Händen über deinen Körper, und zwar vom Kopf bis zu den Füßen, so als ob du bodenlanges Haar kämmen wolltest.*
- *Lasse mit jedem Bürstenstrich den gelösten Schmutz auf die Erde fallen, wo er als neutrale Energie wiederverwertet werden kann.*
- *Stelle dir vor, ein großer, goldener Ball aus Sonnenlicht entsteht über deinem Kopf. Während er sich in deinen Körper senkt und seine heilenden Strahlen bis zu den Rändern dei-*

ner Aura ausbreitet, bildet sich eine Art goldenes Kraftfeld um dich herum. Du hast nun deinen Raum gereinigt und festgelegt.

Auskämmen der Aura

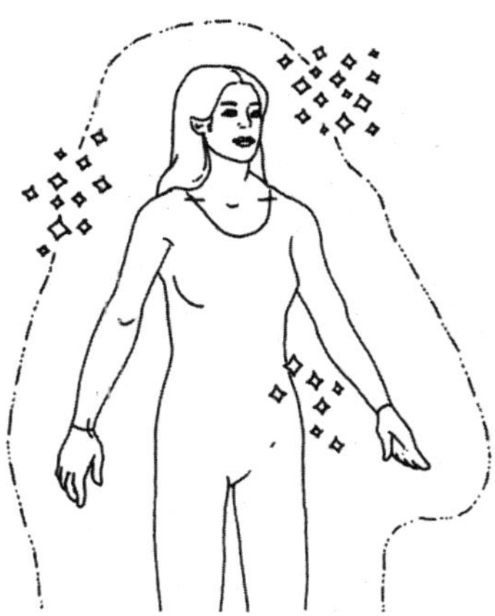

Die Energie anderer Leute in der Aura

Zurückholen deiner Energie

Wenn sich fremde Energien in deiner Aura festsetzen, dann sollte man annehmen, dass auch du deine Energie irgendwo hinterlässt. Mit der folgenden Übung rufst du sie wieder zurück.

- *Schließe die Augen und stelle dir vor, mit einem ganz hellen Pfeifton deine Energie heimzurufen.*
- *Nach einigen Minuten werden einige Energiefetzen beginnen, zu dir zurückzufliegen. Sie mögen sich wie Schneeflocken, Tropfen oder Funken anfühlen.*
- *Gib deiner Energie fünf Minuten, um wieder zu dir zu finden. Vielleicht tauchen plötzlich Erinnerungen an Erlebnisse auf, die Jahre zurückliegen. Das bedeutet, dass sich deine Energie dort festgesetzt hatte.*

Es ist wichtig, alle diese Übungen jeden Tag durchzuführen, um den größtmöglichen Gewinn daraus zu ziehen.

Übersicht

Wie kannst du feststellen, ob sich eine Änderung in deinem Leben eingestellt hat? Nun, ohne ein Vor- und Nachher wird das wohl kaum möglich sein. Man kann es mit diesen Diätbildern vergleichen, die den aufregenden Gewichtsverlust dokumentieren. Genauso wirst auch du eine grundlegende Veränderung durchgemacht haben, wenn du am Ende dieses Buches angelangt bist, doch ohne es zu bemerken. Mitten im Programm kann man einen inneren Wandel nur schwerlich feststellen. Er offenbart sich nur aus der Art von Antworten, die du auf bestimmte Fragen gibst und die den Wandel in deinen Einstellungen, Überzeugungen und Gefühlen widerspiegelt.

Deshalb solltest du vor Beginn der Übungen eine Art Tabelle anlegen, die Auskunft über dich gibt. Sie wird dir helfen, dein persönliches Wachstum zu verfolgen.

Benutze diesen Vordruck, um die erforderlichen persönlichen Informationen einzutragen. Ich möchte natürlich nicht, dass du eine Bestandsaufnahme deiner negativen Eigenschaften machst. Diese Liste soll dir nur ein Gefühl dafür geben, wie du jetzt bist – was du über dich selbst denkst, welche Träume du hegst, deine guten Eigenschaften, deine Ideale und deine persönlichen Hürden.

Da nur dich diese Informationen angehen, brauchst auch nur du sie zu sehen. Das heißt, du solltest die Fragen so ehrlich wie möglich beantworten. Wenn du das nicht kannst, betrügst du dich nur selbst.

Kopiere den Vordruck, fülle ihn aus und verliere ihn nicht.

Vordruck

Alles, was du gewöhnlich magst	*Alles, was du nicht magst*
Persönliche Eigenschaften, die du magst	*Persönliche Eigenschaften, die du nicht magst*
Merkmale, die dich von allen Menschen in der Welt unterscheiden	*Was und wie du gerne sein möchtest*
Ängste (persönliche und globale)	*Idealpartner*
Hoffnungen und Träume (persönliche und für andere)	*Ideale Welt (geschäftlich und zu Hause)*
Glaube	*Was dir wichtig ist*

Lege deine Antworten beiseite. Wenn du das Buch durchgearbeitet hast, wird es einen zweiten Fragebogen geben, den du ausfüllen und dann mit dem ersten vergleichen sollst.

Bevor du beginnst

Da du nun vorbereitet bist, kannst du mit den Übungen anfangen. Ich möchte dir dringend raten, dich vor jedem einzelnen Durchgang zu erden, deine Aura zu bürsten und dich mit deiner persönlichen Energie zu sättigen. Je mehr eigene Lebenskraft du aufweist, desto stärker werden die Übungen auf dich und deinen Seelenpartner einwirken.

Für jede Übung schlage ich einen bestimmten Zeitraum vor – nicht länger als eine Stunde. Wenn du den Vorgang darüber hinaus ausdehnst, schwindet dein Konzentrationsvermögen und du vergeudest deine Energie. Das ist nicht der Sinn der Sache.

Vielleicht möchtest du die eine oder andere Übung deinen persönlichen Zielen und Bedürfnissen anpassen. Ich habe hier nur Richtlinien angegeben, von denen ich weiß, dass sie wirken. Das Ganze aber ist deine Arbeit, und du weißt es schon selbst. Du magst eine Abänderung entdecken oder dir ausdenken, die dir lieber ist. Fühle dich frei, solche Varianten einzubauen. Schließlich ist es dein Leben und dein Seelenpartner. Die Übungen sollen Spaß machen. Wachse und erfreue dich daran. Viel Glück!

Wie man vorgeht

Nachfolgend ein Vorschlag zur Durchführung der Übungen, die sich nach deinem jeweiligen Interesse und deinen Erwartungen richten. Es gibt vier Kategorien, angefangen von sehr zögernd bis stark festgelegt.

Sehr zögernd

Falls du diese Art der Arbeit zum ersten Mal machst und dir nicht sicher bist, in was du dich da einlässt, dann fange mit folgenden Übungen an:
2, 3, 11, 12, 15, 16, 18, 19

Zögernd

Wenn du mit dem Gedanken spielst, eine Beziehung mit einem Seelenpartner einzugehen, aber nicht sicher bist, ob du wirklich dazu bereit bist, mache folgende Übungen:
1, 3, 6, 9, 11, 12, 13, 15, 16, 18, 19

Festgelegt

Wenn du bereit bist, aber die Sache langsam angehen möchtest, führe folgende Übungen durch:
1, 2, 4, 5, 7, 8, 9, 10, 11, 12, 13, 14, 15, 16, 17, 18, 19

Wirklich festgelegt

Es ist an der Zeit! Mache sie alle!

Bereitschafts-Übung

Vielleicht möchtest du dich selbst prüfen, ob du tatsächlich bereit bist, deinen Seelenpartner in dein Leben hineinzulassen. Dazu dient diese Übung:

Stelle dir einen Fernsehschirm vor, auf dem zwei Lichtpunkte zu sehen sind, ein roter (du) und ein blauer (dein Seelenpartner).

Lasse die beiden Punkte aufeinander zugehen. Wie nähern sie sich? Schnell oder langsam? Verschmelzen sie miteinander oder berühren sie sich bloß oder trennt sie eine Art Zwischenraum? Beachte, was geschieht.

Wenn sie verschmelzen, bist du für eine Beziehung reif. Wenn sie sich berühren, zögerst du eher. Sollten sie getrennt liegen, dann bist du nicht einmal sicher, ob du dich überhaupt darauf einlassen willst. Hoffentlich ändert sich das im Laufe deiner Arbeit.

Die Übungen

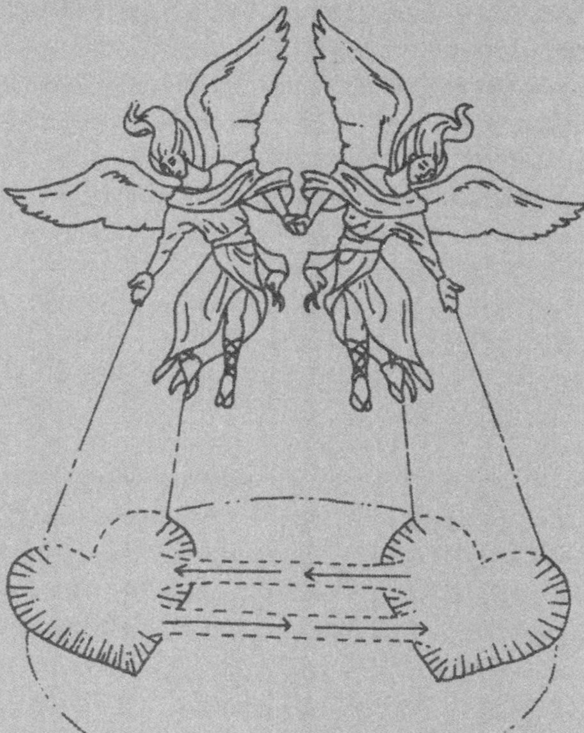

Die Essenz deines Seelenpartners herbeirufen

Diese Übung bildet den Kern des gesamten Vorgangs. Aus ihr entspringen fast alle anderen Übungen. Der Hauptzweck liegt darin, die Energie deines Seelenpartners zu berühren – vielleicht sogar zum allerersten Mal. Das kündigt euch beiden an, dass ihr tatsächlich einen Seelenpartner habt und dass du daran arbeitest, eine Verbindung aufzubauen. Jedes Mal, wenn du sie herstellst, festigst du das Band zwischen euch. Du magst ihn sehen oder spüren.

Manche mögen jetzt fragen: »Wenn ich nun nichts sehe/spüre/fühle?« Das ist durchaus möglich. Selbst wenn du mit seiner Essenz tatsächlich in Berührung kommst, liegt es an deinem Verstand, der deine Wahrnehmung blockiert. Ich habe bereits erwähnt, dass du dich vor einer Begegnung mit deinem Seelenpartner fürchten magst, da sie Veränderungen in deinem Leben hervorrufen wird. Eine Art, sich selbst zu schützen, besteht darin, nichts wahrzunehmen, wenn du deinen Seelenpartner rufst.

Gleichgültig was du siehst oder spürst, fahre einfach fort, nach seiner Essenz zu rufen und stelle dir vor, dein Seelenpartner sei anwesend. Es spielt keine Rolle, dass du nichts bemerkst. Das Herbeirufen als solches ist ausschlaggebend, da es die Absicht zum Ausdruck bringt – deine Absicht – diese Verbindung herzustellen.

Nicht nur das – zur selben Zeit beginnst du auch mit den persönlichen Veränderungen als Vorbereitung für die eigentliche physische Manifestation.

Es ist durchaus möglich, dass du deinen Seelenpartner erst nach einigen Sitzungen siehst oder spürst. Das kommt häufig vor. Früher oder später wird es dann ganz plötzlich geschehen. Zu diesem Zeitpunkt wirst du mit einer Menge von Ängsten konfrontiert worden sein. Sie werden mit Sicherheit auftauchen!

Besonders am Anfang, wenn du deinem Seelenpartner zum ersten Mal begegnen möchtest, wirst du wahrscheinlich innere Stimmen hören, die Einwände und Klagen erheben und bestimmte Argumente vorbringen. Sie entspringen jenen Bereichen in dir, die den Vorgang und den Einsatz ein wenig fürchten. Eigentlich verfolgt jede Stimme ihr eigenes Vorhaben, das nicht immer deinen besten Interessen dient. Dazu gehört auch der Versuch, dich so zu lassen, wie du gerade bist.

Wenn du deinem Seelenpartner auf physischer Ebene begegnest, werden viele Dinge anders sein. Diese inneren Bereiche fürchten, dass sie nicht wissen, wie sie sich verhalten sollen, wenn du dich wandelst, was dir nur zu deinem Vorteil gereicht.

Am besten zollt man diesen inneren Stimmen Anerkennung. Danke jeder einzelnen für ihren Kommentar. Solltest du glauben, es funktioniere nicht, so wirst du überrascht sein. Es ist wie bei einem kleinen Kind, das deine Aufmerksamkeit auf sich zu ziehen trachtet. Sobald du dich ihm zugewendet hast, läuft es fort. Doch bis zu diesem Augenblick drängt es immer stärker.

Auch aus diesem Grund solltest du dein höheres Selbst oder deinen Schutzengel an der Begegnung teilnehmen lassen. Sie können deinen Seelenpartner zu dir bringen und dir helfen, mit diesen inneren Bereichen fertig zu werden und dir ein allgemeines Gefühl der Sicherheit zu vermitteln. Die Begegnung mit deinem Seelenpartner kann recht aufregend sein (was die Stimmen in deinem Kopf befürchten). Es ist daher tröstend, wenn du dich mit deinen dich unterstützenden Kräften umgibst. Sie gleichen uninteressierten, aber liebevollen Vermittlern zwischen dir und deinem Seelenpartner. Es ist immer angenehmer und sicherer, dein höheres Selbst oder einen Engel in deiner Nähe zu wissen, um den Ablauf einfach zu gestalten.

Dauer: 30 Minuten

- *Sei alleine zu Hause und begib dich in einen stillen, ungestörten Winkel. Ziehe dich in die Natur oder eine Bibliothek zurück. Wenn möglich, höre sanfte Meditationsmusik. Atme einige Male tief und entspannt.*
- *Schließe die Augen.*
- *Erde dich, säubere das Energiefeld und hole deine Energie zurück.*
- *Stelle dir vor, an einem besonderen Ort zu sein, an dem du dich wohlfühlst; es kann ein bestimmtes Zimmer sein oder irgendwo draußen in der Natur (See, Wald, Meer, Berg, Wiese). Wo immer du bist, du fühlst dich wohl. Gönne dir ein paar Minuten, um dich in dieser besonderen Umgebung zu entspannen. Atme den Duft der Blumen und der Pflanzen ein oder den des salzigen Seetangs; lausche auf die Geräusche der Tiere; das Zirpen der Vögel, das Rascheln der Blätter, das Plätschern des Wassers. Lasse deine Sinne mit dieser Welt in Einklang schwingen. Nimm noch einige tiefe, rhythmische Atemzüge.*

- *Rufe dein höheres Selbst/deinen Engel. Augenblicklich wirst du ihre Gegenwart wahrnehmen, ob du sie nun siehst, fühlst oder spürst. Lasse sie deine Schulter oder dein Herz berühren und dich ihrer Anwesenheit vergewissern. (Solltest du dir das erste Mal ihrer nicht bewusst sein, wird es früher oder später geschehen.)*
- *Bitte sie, die Essenz deines Seelenpartners in deinen Raum zu bringen. Vielleicht nimmst du wahr, wie etwas oder jemand auf dich zukommt. Vergiss nicht, weiter zu atmen! Es ist kein Unmensch!*
- *Inzwischen magst du deine inneren Stimmen hören, die ihre Einwände, Klagen und Argumente vorbringen. Danke ihnen für ihre Anteilnahme und atme tief ein und aus.*
- *Wende die Aufmerksamkeit wieder auf deinen Seelenpartner. Lade seine Essenz ein, sich deinem Körper zu nähern. Wenn du möchtest, stelle dir vor, sie umarme dich oder hülle dich sogar ein. Sollte dich ein gewisses Unbehagen beschleichen oder du dich überwältigt fühlen, dann nimm nur so viel von der Essenz an, wie du hereinlassen willst. Es ist ratsam, diese Verbindung langsam herzustellen. Es steht dir genügend Zeit zur Verfügung, mit ihr vertraut zu werden.*

Eine Liste aufstellen

Die Aufstellung einer Liste ist ein ausgezeichneter Weg, um alles, was du dir in einer Beziehung wünschst, schriftlich festzuhalten und so unbestimmte Vorstellungen in eine wirkliche und greifbare Bitte umzuwandeln. Außerdem erkennst du deine Prioritäten viel klarer – was du akzeptieren willst und was nicht. Es ist wichtig, Überzeugungen, Ängste, Verhaltensmuster und seelische Verletzungen, die einer Beziehung mit deinem Seelenpartner im Wege stehen, abzuschütteln, da sie dich daran hindern, diese einzigartige Liebesbeziehung heranzuholen.

Sie beeinflussen deine Vorstellungen von dem erwünschten Partner. Es besteht ein Unterschied zwischen deinem »Idealpartner« und deinem »richtigen Partner«. Letzterer ist gewöhnlich nicht der ideale. Aber bevor du zu dem richtigen gelangst, musst du dich mit dem idealen beschäftigen. Ohne dich mit dem Ideal auseinanderzusetzen und dich dann davon zu lösen, wirst du wahrscheinlich deinen Seelenpartner nicht heraussieben.

Ideale haben irgendwo ihren Ursprung, sie tauchen nicht einfach auf. Sie sind eine Verschmelzung von Ansichten, Bedürfnissen und Mustern, die während der Kindheit und Jugend aufgenommen wurden. Daraus formst du deine Vorstellung von einem Idealpartner. Dann vergleichst du damit jede Person, der du begegnest. Das Problem ist, dass dein Ideal gewöhnlich über Eigenschaften verfügt, von denen du glaubst, dass sie dir fehlen (sie bleibt ruhig, während ich ausraste; er ist großzügig, und ich schaue auf den Pfennig).

Da es sich also um eine Reaktion aus der Vergangenheit handelt, setzt du wahrscheinlich ein Programm in Bewegung, das nicht die Idealperson anzieht, sondern oft das genaue Gegenteil. Woher ich das weiß? Mehr als ein Klient hat mir gesagt: »Ich ziehe genau das Gegenteil von meinem Ideal an.«

Betrachte die wesentlichen Beziehungen in deinem Leben. Wie viele entsprechen deinem Ideal und wie viele dem Gegenteil? Man könnte sagen: »So war mein Vater, deshalb werde ich nach dem Gegenteil Ausschau halten.«

Nehmen wir das Beispiel der Schüchternheit. Wenn du schüchtern bist, wirst du dich sehr wahrscheinlich nach einem Partner sehnen, der dir den Weg für eine Unterhaltung ebnet. Leider findest du jedoch häufig jemanden, der dich nicht nur ungern unterstützt, sondern dich in der Öffentlichkeit sogar in Verlegenheit bringt oder dich lächerlich macht. Bei deinem Seelenpartner verhält es sich jedoch völlig anders. Dieses einzigartige Individuum ist weder dein Ideal noch dein Alptraum. Dennoch wirst du das nicht eher herausfinden, als bis du mit diesem Hin und Her von Ideal/Wirklichkeit aufhörst. Deshalb besitzt diese Liste eine solche Bedeutung. Du musst die alten Muster aufdecken und dich von ihnen lösen.

Die Liste meißelt an dieser ideal/real Dynamik. Sie macht dir nicht nur bewusst, wonach du unbewusst suchst, sie befreit auch deine Energie aus der Bindung an dein Ideal. (Wenn du immer nur die falschen Leute anziehst, dann bleibt ja kein Raum für die richtigen.) Das seinerseits öffnet dich für eine neue Art der Beziehung mit jemandem, der für dich geeignet ist. Und niemand ist richtiger für dich als dein Seelenpartner.

Wie musst du vorgehen?

Du solltest alle Eigenschaften, aus denen sich dein Ideal zusammensetzt, anführen und sie mit denjenigen vergleichen, die du bei jenen Menschen findest, die du anziehst. Bei dieser Übung spürst du deine Ideale und die Wirklichkeit auf und bringst beide auf ein genaues Maß, damit du weder das eine noch das andere anziehst.

Material: drei Blatt Papier; ein Stift
Dauer: 1 Stunde

- *Nimm ein Blatt Papier quer und teile es in drei Abschnitte ein.*
- *In Spalte eins vermerke alles, was du dir an deinem Idealpartner wünschst. Hoffentlich wird es eine lange Liste sein. Es mag mehr als ein paar Minuten in Anspruch nehmen, alles ans Licht zu zerren, aber ich bin sicher, dass du gewisse Merkmale herausarbeitest; zum Beispiel: »Mein Ideal ist intelligent«.*

Ideal	*Gegenteil*	*Gegenwart*

- *In der zweiten Spalte schreibe das Gegenteil davon nieder: »Dumm«. Suche weiter nach dem Gegensatz einer jeden positiven Eigenschaft, bis du sie alle gefunden hast.*

- *Im dritten Block musst du entscheiden, in welche Rubrik dein letzter Partner passt. Welche dieser Eigenschaften besaß er – Intelligenz oder Dummheit? Vielleicht ist er ein kluger Geschäftsmann, aber dumm, was die Beziehung anbelangt (lege das Schwergewicht auf die Beziehung). Den klügsten Leuten fehlt es oft an gesundem Menschenverstand. Das ist eine Art Dummheit. Oder sie sind intelligent, aber es fehlt ihnen am Einfühlungsvermögen. Ist es das, was du anziehst?*

- *Bitte sei so ehrlich wie möglich in Bezug auf die Eigenschaften deines letzten Partners. Schließlich dient diese Übung nur deinem Besten.*
- *Wenn du den dritten Block beendet hast, kreise alles ein, was den Idealen in Abschnitt eins entspricht.*
- *Unterstreiche die Gleichheiten in Abschnitt zwei und drei.*
- *Betrachte nun das Gesamtbild; es ist die Darstellung des inneren Aspekts deiner Beziehungen – was du anziehst und wie dein Ideal beschaffen ist. Wie sieht es aus? Welches Gefühl hast du dabei? Was wird dir bewusst?*
- *Nimm ein zweites Blatt Papier. Schreibe darauf eine Affirmation des Loslassens, die jedes Negative in ein Positives verwandelt: »Ich befreie mein Leben von Dummheit.« Gehe die gesamte Liste durch und ändere alle negativen in positive Erklärungen.*
- *Wähle fünf oder sechs Affirmationen und wiederhole jede einzelne zehn oder zwanzig Mal (nicht alle auf einmal; es wird zu viel).*
- *Wenn du damit fertig bist, stelle dir vor, wie der Sonnenschein auf dich herabströmt und dich mit goldenem Licht erfüllt. Gold als höchste Heilfarbe unterstützt die Wiederausrichtung deiner inneren Zellstruktur.*

- *Nun rufe die Essenz deines Seelenpartners herein (Übung 1). Schwinge dich auf seine Eigenschaften ein. Notiere deine Eindrücke auf einem neuen Stück Papier. Das ist sehr wichtig, denn wenn du die Ideal- und gegensätzlichen Muster ausräumst, schwingst du dich eher auf die wirkliche Energie deines Seelenpartners ein.*

Eine perfekte Reise

- *Die nächste Stufe bildet eine innere Reise, um alle jene Idealvorstellungen aus dir zu entfernen. Bei diesem Vorgang bekräftigst du deine Affirmationen und beschleunigst den Prozess des Loslassens.*
- *Schließe die Augen. Stelle dir vor, du stehst in einem Aufzug, der dich in dein Herz hinabführt.*
- *Steige aus und betritt einen kleinen Raum, in dem du die Liste der Ideale aufbewahrst. Sie mag in einem Aktenordner, einer Schublade, einem Buch oder an anderer Stelle liegen. Ziehe sie heraus.*
- *Zerreiße die Liste in kleine Stücke und verbrenne sie. Beobachte, wie die Flamme das Papier kräuselt, es schwarz wird und davonfliegt. Sage Lebewohl zu diesen überholten Idealen.*

Übung 3

Heiße deinen Seelenpartner in deinem Leben willkommen

Im Hinblick auf den Wunsch, deinen Seelenpartner in dein Leben zu bringen, ist es in diesem Moment wichtig, innezuhalten und dir die Zentralfrage zu stellen, ob du ihn wirklich haben willst. »Wie? Natürlich will ich das!« lautet deine Antwort. Es ist eine automatische Antwort, die sogar wahr sein kann – bis zu einem gewissen Ausmaß. Aber – und dies ist ein großes Aber – sie bringt vielleicht nicht deine unbewusste Wirklichkeit zum Ausdruck. Obwohl dein Verstand wohl sagt: »Ich lasse meinen Seelenpartner gerne in mein Leben eintreten«, kommt es irgendwie nie dazu. Gleichgültig wie sehr sich dein Verstand nach der geistigen Berührung deines Seelenpartners sehnt, er ist nie erschienen. Das mag auf zwei Gründe zurückzuführen sein.

- *Du baust Hindernisse auf, weil du gefühlsmäßig noch nicht dazu bereit bist, deinen Seelenpartner in dein Leben hineinzulassen.*
- *Du bedarfst immer noch der Heilung.*

Selbst wenn dein Herz wirklich für deinen Seelenpartner bereit ist, mag es dein Lebensstil verhindern. Es fehlt dir ganz einfach an der Zeit oder Energie, dich überhaupt auf eine Beziehung einzulassen, selbst wenn es sich um eine so wichtige Person handelt, wie deinen Seelenpartner.

Heutzutage bestimmt unser Lebensstil weitgehend unsere Fähigkeit, einen guten und liebevollen Partner zu haben. Es steht uns nur eine bestimmte Energiemenge zur Verfügung. Wie können wir sie zwischen Arbeit, Unternehmungen, Familie und Geliebten aufteilen, ohne auszubrennen? Ich kenne eine Anzahl von Leuten, die sich nicht einmal um eine Beziehung bemühen, weil sie ganz einfach keine Zeit dazu haben. Ihre Arbeit oder ihre Kinder nehmen sie völlig in Anspruch. Obgleich sie ihre Unfähigkeit, eine Verbindung einzugehen, beklagen mögen - ganz abgesehen davon, seinen Seelenpartner zu finden -, wollen sie ihre Situation nicht ändern, da gerade sie im Augenblick für sie den Vorrang hat.

Genau diesen Punkt spricht diese Übung an - wie gewillt (oder fähig) bist du, deinen Seelenpartner in dein Leben einzubeziehen. Wenn du sagst, dass du versuchst, eine Beziehung herzustellen, aber ihn im Unterbewusstsein gleichzeitig fortschiebst, solltest du den Grund erkennen. Fürchtest du dich davor oder fehlt es dir lediglich an der Zeit?

Um eine Antwort darauf zu finden, nimm deinen Seelenpartner mit auf einen Rundgang durch dein Leben, deine Familie, deine Arbeit und deine Beschäftigungen und beobachte, wie gut er dort hineinpasst. Daran kannst du erkennen, was dich motiviert, für was du bereit bist und wo die Hürden liegen.

Außerdem bringt es verborgene Punkte zutage, sodass du deine Ängste, Bedürfnisse und Erwartungen unter die Lupe nehmen kannst. Sollte es sich herausstellen, dass du deinen Seelenpartner im Augenblick noch nicht willkommen heißen willst, dann erblicke darin kein negatives Zeichen. Ganz im Gegenteil! Deine unterbewussten Beweggründe liegen nun offen da, und du kannst dich mit ihnen auf bewusster Ebene auseinandersetzen - nicht angreifen, sondern prüfen.

Vielleicht brauchst du Zeit, um dich an den Gedanken zu gewöhnen, dein Leben mit einem Seelenpartner zu teilen. Es ist besser, langsam vorzugehen und sich mit den anstehenden Veränderungen vertraut zu machen, als ihm tatsächlich zu begegnen und in der Beziehung zu versagen. In einem solchen Fall wird im Moment wohl die Seelenpartner-Essenz-Übung (1) oder der Gesang (5) oder die Bekräftigung genügen.

In dieser Übung wirst du deinen Seelenpartner rufen. Es spielt keine Rolle, dass du nicht weißt, wie er aussieht. Du kannst dir einfach einen besonderen Geliebten vorstellen. Deine Reaktionen werden dieselben sein. Die Sache ist, dass du bei einer tatsächlichen Begegnung keine dieser Reaktionen zeigen magst, aber darum geht es ja auch nicht. Diese Übung untersucht deine Erwartungen und Ängste, was in dir vorgeht, nicht die Wirklichkeit einer Beziehung.

Dauer: 30 Minuten

- *Lasse dich auf einem bequemen Stuhl oder Sessel nieder. Lege dich nicht auf das Bett oder den Fußboden; du wirst einschlafen.*
- *Spiele sanfte Musik. Führe die Übungen des Erdens, der Energiereinigung und -wiedergewinnung durch (Kapitel 5).*
- *Schließe die Augen. Stelle dir eine Tür vor. Du gehst hindurch und bist an deinem Arbeitsplatz. Während du die täglichen Routinearbeiten erledigst, ruft dein Seelenpartner an. Wie sind diese wenigen Minuten im Gespräch mit ihm? Vertraulich (»Ich liebe dich«) oder eher nüchtern (»Hallo, wie geht es dir«)? Achte darauf, wie du dich fühlst – dankbar oder gequält, glücklich oder gedrängt. Er lädt dich zum Abendessen*

ein. Wie reagierst du? Bist du froh? Glücklich? Wäre es dir lieber gewesen, wenn er wegen deiner vielen Arbeit einen anderen Abend ausgesucht hätte? Oder bist du einfach nur müde? Oder denkst du: Nicht schon wieder!

- *Der Arbeitstag ist beendet. Du verlässt dein Büro und siehst ihn auf dich warten. Was empfindest du – Enttäuschung über seine Anwesenheit? Freude? Müdigkeit? Ängstlichkeit? Leidenschaft?*
- *Ihr geht aus, redet beim Essen und dann kommt er noch eine Weile mit dir nach Hause. Wie empfindest du seine Anwesenheit in deiner Wohnung, ihn an deiner Seite zu haben? Angenehm? Eingeengt? Bedrängt? Wenn er dich küsst, gibst du dich dann diesem Kuss völlig hin oder sind deine Gedanken ganz woanders, zum Beispiel bei dem Projekt, an dem du gerade arbeitest oder den hunderttausend unerledigten Dingen, die liegen geblieben sind, weil du deine Zeit mit ihm verbringst? (Ja, ich konzentriere mich auf die negativen Aspekte, denn ich möchte, dass du ehrlich mit dir selbst bist. Es ist in Ordnung, wenn du nicht vor Begeisterung übersprudelst – großartig jedoch, wenn du glücklich bist.) Wenn keines dieser negativen Gefühle auftaucht, dann bist du mit Sicherheit offener für eine Beziehung.*
- *Dein Seelenpartner schlägt vor, das Wochenende mit dir gemeinsam zu verbringen. Wie ist deine spontane Reaktion? Ja! Oh, nein! Ich nehme die Einladung an. (Mensch, solch eine Begeisterung).*
- *Wenn du Kinder hast, stelle dir vor, dein Seelenpartner begegnet ihnen. Wie reagierst du darauf? Zögerst du die Begegnung hinaus oder macht sie dir Spaß? Möchten die Kinder einen neuen Menschen in ihrem Leben haben? Sollte es keine Kinder geben, dann stelle dir stattdessen enge Freunde oder*

Tiere vor. (Achte auf die Reaktion der Tiere. Sie sind oft klüger als wir.)

- *Schließlich stelle dir vor, dein Seelenpartner sitzt neben dir und sagt: »Ich möchte, dass wir heiraten.« Wie reagierst du darauf? Zunächst vielleicht mit Begeisterung. Was aber empfindest du nach diesem ersten Freudenausbruch? Betrachtest du die Angelegenheit mit gemischten Gefühlen? Schrecken? Zufriedenheit? Glück? Innere Gewissheit?*
- *Nun ist er nach Hause gegangen, und du sitzt genau in demselben Stuhl, in dem du jetzt deine Übung machst. Führe dir innerlich die Essenz deines Seelenpartners vor Augen; sie erstrahlt in einem hellen Grün. Sie gleitet in deinem Heim umher, so als wollte sie sagen: »Ich bin immer hier bei dir.« Wie fühlst du dich bei dem Gedanken, dass er immer in deiner Nähe weilt? Wohl? Eingeengt? Überwältigt? Entspannt?*
- *Deine jeweilige Reaktion auf alle diese Fragen zeigt an, wie bereit du bist, ihn in dein Leben hineinzulassen. Denke daran, es gibt weder eine richtige noch eine falsche Antwort. Es kommt einzig und allein auf dein Gefühl an. Solltest du herausfinden, dass du zu dieser Beziehung noch nicht bereit bist, dann schätze dich glücklich. Du hast nämlich jetzt die Möglichkeit, dich mit deinen Ängsten und Sorgen, die dich von deinem Partner entfernt halten, auseinanderzusetzen.*

Das Anziehungsmodell

Nehmen wir an, in unserem Innern gibt es Strukturen, die wir aus Überzeugungen, Ängsten, Bedürfnissen und Wünschen geschaffen haben. Wir besitzen viele solche Muster, die, wenn sie erst einmal zusammengefügt worden sind, dafür sorgen, dass wir in bestimmter Weise handeln und reagieren. Zu ihnen gehört auch unser persönlicher Stil - was wir gerne essen, womit wir uns vergnügen, unsere Beziehungen, Freundschaften, Überzeugungen und Ansichten. Einen Wandel seiner Muster herbeizuführen, ist weitaus schwieriger, als seine Identität zu ändern. Deine Identität geht dir nur unter die Haut, deine Muster aber sind tief in deinem Innern verankert.

Da du daran arbeiten möchtest, deinen Seelenpartner anzuziehen, werden wir uns einer ganz bestimmten Struktur zuwenden, nämlich derjenigen, die mit dem Thema Beziehung und der Art von Person, nach der du Ausschau hältst, in Zusammenhang steht. Ich nenne sie das Anziehungsmodell. Sobald es aufgebaut worden ist, zwingt es dich, in einer bestimmten, vorhersehbaren Weise zu reagieren. (Man könnte es mit der Haustür vergleichen. Du kannst nicht durch die Wand gehen. Sie hindert dein Vorwärtskommen!)

Das Anziehungsmodell lässt dich nur eine bestimmte Art von Personen anziehen - und alle anderen, die ihren Punkten nicht entsprechen, ignorieren. Es handelt sich um eine Verschmelzung aus verschiedenen Mustern, die den Bedürfnissen der Kindheit entspringen – besonders in Bezug auf Liebe, Geborgenheit, Beachtung, Selbstwert, Schamgefühl, Selbsteinschätzung und Unabhängigkeit. Wenn du als Kind immer nach Liebe gesucht hast, weil du glaubtest, nicht genug davon zu bekommen, wirst du nach einem Liebhaber Ausschau halten, der dich damit überschüttet. Doch da du leider nur über dieses eine Muster verfügst, nämlich von jemandem Liebe zu erwarten, der dir nicht genug davon gibt, wirst du immer diese Art von Menschen finden.

Das sind jene Löcher – die Türen deines Hauses, die nur ganz bestimmte Menschen hereinlassen. In meinen Workshops beschreibe ich das Anziehungsmodell als ein Brett mit sieben viereckigen Löchern. In Wirklichkeit zeigt sich bei den meisten Menschen ihr Modell so persönlich, wie sie selbst in ihrem einzigartigen Erscheinungsbild sind. Wichtig bei dieser Schablone sind die Löcher. Du kannst nur mit einer solchen Person eine erfolgreiche Beziehung eingehen, die in deine viereckigen Löcher passt. Man könnte von einer Art Vereinbarkeit sprechen: Ansichten in Bezug auf die Ehe, Kindererziehung, Elternschaft, Kommunikation, Vertraulichkeit, Freiräume, Beeinflussung, Liebe und Sex, Geld (ein wesentlicher Punkt) – mit anderen Worten, alles, was den normalen Bereich zwischenmenschlicher Problematik umfasst. Sie alle entspringen frühen Erfahrungen oder Lektionen oder werden von ihnen beeinflusst. (Offensichtlich gibt es sehr viel mehr Löcher, da es weitaus mehr als sechs Bereiche gibt, die eine Beziehung ausmachen. Aber dies ist natürlich nur ein Beispiel.)

Nur viereckige Klötze passen also in ein viereckiges Loch, nicht aber in ein anderes. Abgesehen von einigen Punkten, die nicht übereinstimmen, könnten fünf solcher Pflöcke wahrscheinlich schon für eine gute Beziehung sorgen.

Nehmen wir an, du begegnest jemandem mit einer Anzahl anderer Formen, wie Kreisen, Dreiecken, Rechtecken, Halbmonden, Kreuzen, aber auch einigen viereckigen Klötzen. Ihr beide seid recht ungleich. Vielleicht würde es für eine kurzfristige Beziehung reichen, nicht aber für eine dauerhafte Verbindung. Gäbe es überhaupt keine Gemeinsamkeiten, würdet ihr nicht einmal zusammentreffen. (Denke an einen intellektuellen Typ und einen, der sich gerne im Freien aufhält; sie lassen sich nicht gut vereinen, da sie den Dingen oft unterschiedlichen Wert beimessen.)

Was geschieht, wenn du den Seelenpartner triffst, für den du so eifrig gebetet hast? Selbst wenn ihr euch buchstäblich gegenübersteht und in die Augen blickt oder ein paar Worte miteinander wechselt, springt der Funke nicht über. Eure Anziehungsmuster stimmen nicht überein.

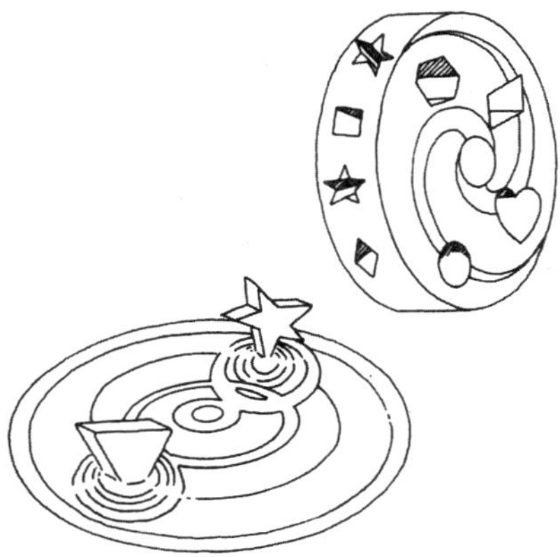

Beispiele von Anziehungsmodellen, erweitert für neue Möglichkeiten

Solltest du durch irgendein Wunder doch eine Beziehung mit ihm eingehen, werdet ihr diese nicht lange aufrecht erhalten können. Man könnte es mit einer Brille vergleichen. Ohne sie ist es dir unmöglich, die Dinge klar zu erkennen – in diesem Falle deinen Seelenpartner. Erinnerst du dich an die Übung 2, bei der du die Erwartungen aufgelistet hast, die du an deinen Idealpartner stellst? Diese Erwartungen, Bedürfnisse und Muster sind fest in deinen Chakras verdrahtet.

Das Wort »Chakra« stammt aus dem Sanskrit und bedeutet »Rad«. Die Chakras sind Energiezentren in unserem Körper, von denen sich jedes einzelne auf eine bestimmte Energieart konzentriert. Unsere Fähigkeit, ganzheitlich zu funktionieren, steht in unmittelbarem Zusammenhang damit, inwieweit unsere Chakras verstopft sind oder ungehindert tätig sein können. Ich betrachte diese Energiezentren nach dem klassischen, indischen Modell:

Erstes Chakra:

an der Wirbelsäulenbasis; Fragen des Überlebens (Geld, Unterkunft, Arbeit, Gesundheit)

Zweites Chakra:

etwa sieben Zentimeter unterhalb des Nabels; Sex und Emotionen

Drittes Chakra:

Solarplexus (direkt unterhalb des Zwerchfells); Macht und Kontrolle

Viertes Chakra:

Herz; Liebe

Fünftes Chakra:
Kehle, Ohren, Mund; Kommunikation

Sechstes Chakra:
Stirn, drittes Auge; Hellsehen

Siebtes Chakra:
Scheitel; Weisheit

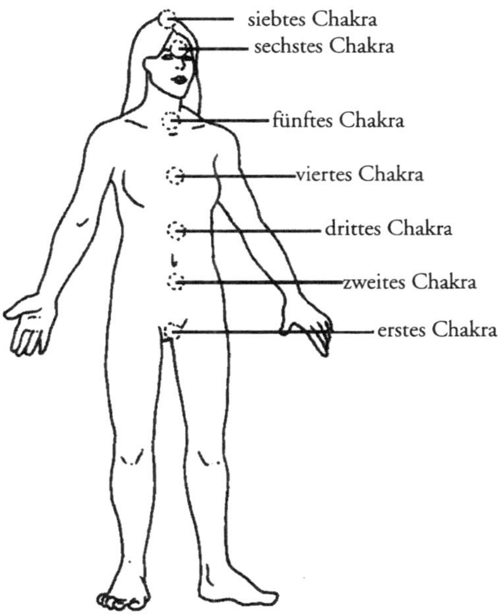

Die sieben Chakras

Es spielt keine Rolle, was du glaubst zu wünschen. Du kannst den Ablauf nicht ändern, es sei denn, du willst es. Um dich für den Seelenpartner anziehend und unwiderstehlich zu machen, musst du in jedem Chakra das vorgefasste Muster ändern, um diese spezielle Energie anzunehmen. Das heißt, du sollst in jedem Chakra das vorgegebene Anziehungsfeld finden und es reinigen oder ersetzen. Gleichgültig wozu du dich entscheidest, in jedem Falle wirst du auf allen Ebenen von dem Mangelhaften, der Furcht und Einengung zur Offenheit und Befähigung voranschreiten.

Elias stellte fest, dass sein Feld recht klein ausgefallen war (zwei Löcher). Nachdem er es gereinigt hatte, wies ihn sein höheres Selbst an, die Größe immer wieder zu verdoppeln, bis es ein riesiges Ausmaß angenommen hatte und Löcher von unterschiedlicher Form und Größe enthielt.

Berts neues Anziehungsfeld glich einem sich drehenden Rad mit Hunderten von neuen Öffnungen.

Janes Anziehungsmodell ähnelte einem silbernen Teich, der ihr die Möglichkeit gab, verschiedene neue Energiearten aufzunehmen.

Wenn du ein brandneues Muster bildest oder auch nur ein altes anspruchsvoller gestaltest, dann erschaffst du in dir etwas Brandneues, etwas, das ein anderes, sehr viel höher eingestuftes Du widerspiegelt. Das bedeutet, die alten Energien und Muster in deinem Innern werden nur schwerlich funktionieren, da sie sich auf der alten Schwingungsebene befinden. Man könnte es mit dem Aufladen einer neuen, modernen Software vergleichen, die das alte System überschreibt, worauf du dann alles andere verbessern musst.

Das führt dazu, dass sich dein Körper überwältigt fühlen mag und oft krank wird (Darmgrippe, Erkältung, Fieber, Halsweh – in der Computersprache nennt man das die Ausfallzeit), um mit dieser Last fertig zu werden. Solche Krankheitsperioden bieten deinem Körper Gelegenheit, die Programme oder Muster, die nicht mehr in deinem Leben gelten, abzulegen. Aus diesem Grunde fühlst du dich nach deiner Genesung meistens geistig, eventuell sogar physisch, oft viel besser, zumindest am Anfang.

Wenn du dein Anziehungsmodell findest, möchtest du es vielleicht loswerden, vielleicht aber auch nicht. Solltest du beschließen, die alte Schablone beizubehalten, dann liegt das daran, dass du Veränderungen in wohlüberlegten Schritten durchführen willst und dich noch nicht von deinen vertrauten Freunden trennen kannst. Stehe zu dieser Entscheidung. Dein altes Anziehungsmuster fortzuwerfen und es durch ein neues zu ersetzen, ist eindeutig eine endgültige Angelegenheit.

Dem Loslösungsprozess muss die Einladung folgen – in diesem Falle die Bitte um die Essenz deines Seelenpartners. Mit anderen Worten, sobald du die alten, starren Muster geändert hast, kannst du deinen Seelenpartner in dieses Chakra heranziehen und die Vorlage mit seinen Energien durchtränken. Dann wird sie darauf eingestimmt sein, diese bedeutungsvollen und anziehenden Muster in dein Leben einzulassen.

Arbeite nur jeweils an einem Chakra, damit dem Körper genügend Zeit bleibt, sich an die neuen Energien zu gewöhnen, bevor du das Anziehungsmuster in einem anderen Chakra in Angriff nimmst. Denke daran, du entfernst alte Muster (genauso, wie du deinen Kleiderschrank ausräumst) und nimmst frische auf. Du brauchst Zeit, um dich auf die neue Schwingung einzustellen.

Vielleicht bemerkst du, dass die Muster in jedem Chakra unterschiedlich aussehen – oder aber sie sind von Zentrum zu Zentrum identisch. Egal wie es ausfällt, es ist genau richtig für dich.

Dauer: 30 Minuten

- *Lege Meditationsmusik auf; mache es dir bequem.*
- *Erde dich, reinige das Energiefeld und hole deine eigene Energie wieder herein (Kapitel 5).*
- *Rufe dein höheres Selbst oder deinen Schutzengel an.*
- *Rufe nach der Essenz deines Seelenpartners.*
- *Stelle dir vor, du steigst auf der Höhe deines Stirnzentrums in einen Aufzug; lasse ihn mit dir zu dem gewünschten Chakra hinunterfahren. Was du dort wahrnimmst, ist nur symbolhafter Natur, nicht das eigentliche physische Organ.*
- *Suche an der Wand oder an anderer Stelle nach dem Anziehungsmodell.*
- *Bitte dein höheres Selbst, ein großes Gefäß voll goldener Flüssigkeit herbeizubringen.*
- *Fülle einen Eimer damit und gieße sie über das Anziehungsmuster. Das flüssige Gold wirkt wie eine transformierende Gleitsubstanz, die das Modell von der Wand löst.*
- *Brich es notfalls mithilfe deines höheren Selbst herunter.*
- *Lasse es in das Gefäß fallen. Wirf auch Halterungen wie Schrauben und Muttern hinein. Sie gehören zu der alten Denkungsweise und müssen weggeworfen werden.*
- *Nimm die Vorlage aus dem Gefäß und betrachte ihren Zustand. Sollte sie nach dem Bad recht gut aussehen und du*

möchtest dich nicht von ihr trennen, dann kannst du sie vorläufig behalten. Vergewissere dich nur, dass sie auch mehr Löcher (Möglichkeiten) aufweist.

- *Sollte sie dünn, zerbrochen, fransig, rissig oder löcherig aussehen, dann schmeiße sie in das Gefäß zurück. Sie taugt nichts. Du brauchst ein neues Anziehungsmodell.*
- *Bitte dein höheres Selbst, eine neue Vorlage zur Verfügung zu stellen, eine, die dich und deine Energie zum augenblicklichen Zeitpunkt widerspiegelt.*
- *Hänge die neue oder aufpolierte Vorlage an die Wand.*
- *Lasse deinen Seelenpartner seine Essenz hineinlegen, damit er sein Muster erkennt. Vielleicht stellst du dir vor, wie er seine Hände auf die Schablone legt, um sie mit seiner Energie zu durchtränken.*
- *Führe diese Technik in jedem einzelnen Chakra durch - aber nicht alle auf einmal. Nimm dir die Zeit für eine weitere Sitzung.*

Übung 5

Spirituelle Gesänge

Was kommt dir in den Sinn, wenn du den Ausdruck »Chants« hörst? Klösterliche und gregorianische Gesänge? Indische Gurus? Indianer? Alle singen in dieser Weise. Diese Art von Gesang besitzt eine religiöse Note – man singt an einem heiligen Ort, zum Beispiel in einem Tempel, einem Ashram oder in einer Kirche. Diesem Singen ist eines gemeinsam, es verfolgt den Zweck, eine gewisse körperliche und geistige Veränderung zu bewirken.

Es handelt sich dabei um eine Kombination aus Wort und Melodie, besonders einer Serie von Wörtern (Mantras), die ständig wiederholt werden, um eine erhebende Schwingung in dir hervorzurufen, die dich in Einklang mit den überweltlichen Energien bringt, die durch dein Singen angezogen werden.

Der religiöse Gesang erfüllt drei Hauptfunktionen. Erstens beruhigt er mit seinen recht komplizierten, sich wiederholenden Wortverbindungen deinen Geist. Man singt nicht nur ein aus einem Wort bestehendes Mantra, sondern zumindest zwei bis drei Sätze. Im Gegensatz zur gesprochenen Affirmation werden sie in Form von Gesang angestimmt oder laut hinausgerufen. Je stärker du dein Herz in den Gesang hineinlegst, desto intensiver wird die körperliche Erfahrung sein. Zweitens konzentriert er deinen Geist auf ein bestimmtes Wesen, ein Ereignis, einen Prozess, ein Ziel oder ein Ideal. Dies ist sehr wichtig, weil wir uns in so vielen Lebensdingen verzetteln, frustriert und zerbrochen sind. Deshalb kann diese Art von Gesang so kraftvoll sein. Wir werden in einen musikalischen Rhythmus hineingezogen, in den Klang von Worten (die wir vielleicht nicht einmal verstehen, da sie nicht zu unserer Muttersprache gehören) und die Kraft der Energie, die durch einen mindestens zwanzig bis dreißig Minuten dauernden Gesang geschaffen wird. Die Melodie selbst ist gewöhnlich eintönig, rhythmisch oder besteht aus einer einfachen Tonfolge.

Drittens versetzt dich der religiöse Gesang in einen anderen geistigen Zustand. Er löst dich aus vorgefassten Meinungen und Mustern heraus und befreit dich von deinen inneren Stimmen (wie deinem inneren Richter), wodurch du dich für die Betrachtung von anderen Möglichkeiten öffnest, was dein Verstand normalerweise wohl nicht zulassen würde.

Da diese Gesangsform eine Art Selbsthypnose darstellt, bleibst du für Eingebungen offen, denn worüber du auch singst, es baut ein magnetisches Feld der Anziehung und Möglichkeit um dich herum auf.

Wenn ich an etwas Geistlosem oder Monotonem arbeiten muss, singe ich immer. Da ich ohnehin nur vor mich hin träumen oder an etwas völlig anderes denken würde, kann ich genauso gut etwas tun, was mir nützt, anstatt meine gedankliche und geistige Zeit einfach nur zu vergeuden. Am liebsten singe ich während des Wanderns. Der Gesang versetzt mich in eine Verfassung der Offenheit, Aufnahmebereitschaft und geistigen Ausrichtung. Er hilft mir auch, meine umherschwirrenden Gedanken zu ordnen.

Ich möchte dir zwei Gesänge vorschlagen. Es steht dir natürlich frei, deine eigenen Worte oder Gefühle zum Ausdruck zu bringen. Die Gesangsbeispiele gehören nicht zur großartigen Dichtkunst, aber darauf kommt es nicht an. Sie offenbaren, was du verwirklichen willst.

Gesangsbeispiele

1. Meine Arme sind offen; mein Seelenpartner ist nahe.
   Komme in meine Arme und sei hier bei mir.

2. Ich bin bereit für meinen Seelenpartner; möge mein Geliebter zu mir kommen.
   Ich bin bereit für meinen Seelenpartner; möge mein Geliebter mich umarmen.
   Ich bin bereit für meinen Seelenpartner; ich lade ihn/sie ein, in mein Leben zu treten.
   Ich bin offen für meinen Seelenpartner; möge mein Geliebter zu mir kommen.

Sprich diese Worte nicht nur daher. Verbinde sie mit einer Art Singsang. Du wirst feststellen, dass sich dabei die Melodie von ganz alleine findet. Die Worte schaffen ihre Melodie. Rattere die Worte auch nicht einfach so herunter. Sprich sie bedacht aus. Auch das fördert deine Konzentration. Je vertrauter dir der Gesang wird, desto lauter und rascher singe ihn. Damit beschleunigst du deine Energie und stärkst deine Konzentration.

Singe mehr als nur ein Lied, so wie du auch mehr als nur eine Affirmation sprichst, und wechsele sie laufend. Schaffe ein Repertoire von mehreren Gesängen.

Eine Frau, Jean, wiederholte eine einzige Zeile (»Ich bin bereit für meinen Seelenpartner«) alle paar Stunden, und zwar fünf Minuten lang. Sie wählte diesen Vers, da sie wusste, dass sie noch nicht bereit war. Nach mehreren Tagen erfasste sie ein seltsames Gefühl des Friedens mit sich selbst, und ihre Ängstlichkeit und Furcht begannen zu schwinden. Schließlich fühlte sie sich wirklich bereit für ihren Seelenpartner.

Übung 6

Absichtserklärungen und Affirmationen

Unter Affirmationen versteht man Aussagen, die in dem Moment, in dem man sie ausspricht, bejahende Gefühle auslösen und die erwünschten positiven Ergebnisse herbeiführen sollen. Doch bevor dies eintritt, geschieht noch etwas anderes; sie aktivieren deine festgefahrenen, negativen Aspekte und du befindest dich mitten in einer unerwünschten Lage. Obgleich die Affirmation dir das genaue Gegenteil von dem zu bescheren scheint, was du erbittest, bewirkt sie im Grunde genommen genau das Richtige, denn sie wühlt den Schotter auf. Dir wird dadurch die Gelegenheit geboten, die Ansichten und Ängste, die dich zurückhalten, eingehender zu betrachten, damit du dich davon befreien kannst. Sobald diese ausgerottet worden sind, beginnt die Affirmation zu wirken.

Gewöhnlich wiederholen wir eine Affirmation mehrmals hintereinander, damit die Aufmerksamkeit auf einen bestimmten Wunsch, den du verwirklichen möchtest, konzentriert bleibt oder eine zu beseitigende Blockade aufgelöst wird. Das bringt (zunächst) die negativen Aspekte in Bewegung und regt dich dann später an, dich mit dem Inhalt der Affirmation zu verbinden.

Absichtserklärungen sind Affirmationen, denen eine innere Einstellung zugrunde liegt. Eine Menge Schwung gehört dazu. ICH WILL DAS SEIN/ HABEN/TUN! (Und nichts kann mich daran hindern!) Die Energie einer Absichtserklärung ist stärker konzentriert und intensiver als die einer Affirmation. Sie bringt deine Absicht und deinen Willen zum Ausdruck. Du erklärst mit Nachdruck, dass dies und das geschehen wird.

Da die Worte ohne Melodie ausgesprochen werden, handelt es sich nicht um einen Gesang. Die Idee ist jedoch ähnlich. Indem du eindeutig erklärst, was du willst, rufst du in dir eine Art psychischer Überschallwelle hervor, die ebenso erfolgreich Blockaden aufbricht, wie der normale Ultraschall Nierensteine zertrümmert und den grauen Star beseitigt.

Die wiederholten Absichtserklärungen hämmern gegen solche Bereiche in dir, die nicht mit dem dahinterliegenden Gedanken in Einklang schwingen. Zuerst wirst du dich wahrscheinlich gegen deine Affirmation sträuben. Wenn du dann aber unbeirrt mit deinen Absichtserklärungen fortfährst, zerbrechen die alten Muster und geben Raum für neue Wege des Denkens und Fühlens.

Gleichzeitig sendet deine Affirmation Energie auch zu deinem Seelenpartner hinaus.

Was möchtest du erklären? Ich habe einige Vorschläge zusammengestellt, aber nochmals der Hinweis: Passe sie deinen eigenen Bedürfnissen und deiner jeweiligen Situation an. Auch jetzt ist es wichtig, die Essenz deines Seelenpartners herbeizurufen, bevor du anfängst. Spüre dann, wie er den Nutzen deiner Affirmationen empfängt, die in seiner Aura umherzuhüpfen scheinen, während du deine Absichtserklärungen abgibst. Stelle dir vor, dass er seinerseits seine eigene Affirmation der Liebe zu dir aussendet, um deine Arbeit zu bekräftigen.

Beispiele für Absichtserklärungen

- *Ich erkläre, dass sich mein Seelenpartner auf dem Weg zu mir befindet, dass ich mich von allem löse, das ihm im Weg steht und dass ich zu dieser Beziehung bereit bin. Ich erkläre, dass es sich um eine wunderbare Erfahrung für uns beide handelt.*
- *Ich erkläre, dass mein Seelenpartner hier ist; dass wir zusammen sind, glücklich, verliebt und gegenseitig stark verpflichtet.*
- *Ich erkläre, dass mein Seelenpartner und ich uns gefunden haben, dass ich mich ebenso wie er/sie von allen meinen Blockaden und Ängsten befreit habe und unsere Beziehung dauerhaft, liebevoll und fürsorglich ist.*
- *Ich erkläre, dass alle meine Befürchtungen und Hindernisse verschwunden sind, was mich für eine liebevolle Beziehung mit meinem Seelenpartner frei gemacht hat.*
- *Ich rufe mein höheres Selbst (oder einen Engel oder ein anderes Wesen), um die notwendigen Vorkehrungen zu treffen, mich für meinen Seelenpartner vorzubereiten.*

Stelle im Laufe dieser Übung deine eigenen Absichtserklärungen auf, die sich deiner speziellen Situation anpassen.

Jedes Mal, wenn du deine Erklärungen äußerst, gib dich ganz hinein. Lege sie vor der ganzen Welt ab. Lasse die Wände widerhallen von der Freude und der Liebe, die du empfindest, sobald du sie aussprichst. Je zahlreicher die Erklärungen und je stärker du ihren Wortlaut fühlst, desto intensiver beschäftigt sich dein gesamtes Wesen damit. Dein Energiepegel steigt. Du kannst diese Worte buchstäblich fühlen. Ich persönlich wiederhole dieselbe Affirmation gerne fünfundzwanzigmal hintereinander. Das bringt meine Energie in Schwung.

Umkehrung

Es gibt einige Leute, bei denen Erklärungen und Affirmationen nicht wirken. Ihre inneren Stromkabel liegen verkehrt. Dies bedeutet, dass ihre früheren Muster ein negatives Feld aufgebaut haben, sodass alles Positive, das du aussprichst, ins Negative umgewandelt wird. »Du bist hübsch« wird zu »Du bist hässlich«. »Mein Seelenpartner ist hier« wird zu »Mein Seelenpartner wird niemals kommen«. Diese inneren Stromkabel sind so tief eingelassen, dass Erklärungen und Affirmationen alleine sie nicht loszubrechen vermögen.

Um dieser Umkehr entgegenzuwirken, reibe die äußeren Ränder deiner Handinnenflächen etwa zwei Zentimeter unter dem Gelenk des kleinen Fingers gegeneinander. Das fördert den Kurzschluss des negativen Feldes, sodass sich der Nutzen deiner Erklärung bemerkbar macht.

Übung 7

Deinen Seelenpartner in die Wirklichkeit träumen

In Übung Eins sprachen wir davon, die Essenz deines Seelenpartners herbeizurufen, um eine Verbindung zu ihm zu schaffen. Nun wirst du ein anderes machtvolles Mittel kennenlernen, diese Verbindung aufzubauen – den Gebrauch deiner Vorstellungskraft, mit der du seine Existenz erträumst. Dazu musst du dich in eine gewisse Aufnahmebereitschaft für deinen Geliebten, deinen Seelenpartner versetzen. Du wünschst, dass er sich auf allen Ebenen mit dir verbindet – der emotionalen, geistigen, mentalen, ätherischen und physischen – damit ihr aufeinander ausgerichtet seid. Dieses innere Vorstellungsbild beansprucht alle deine Sinne und du erschaffst eine seelische, emotionale und visuelle Verbindung zu deinem Seelenpartner.

Beim ersten Mal wirst du vielleicht kaum etwas spüren, und deine Vorstellung wird höchstens verschwommen sein. Verzweifle nicht. Im Verlaufe mehrerer dieser Übungen werden sich dein Gefühlssinn sowie dein Vorstellungsbild vertiefen, sodass beide stärker und klarer hervortreten.

Solltest du kein inneres Bild oder Gefühl entwickeln, dann ersetze sie durch deine Vorstellungskraft. Zwinge es nicht. Es spielt keine Rolle, ob es sich dabei um ein ganz genaues Bild handelt oder nicht. Wichtig ist nur, dass sich ein Energiewirbel bildet, der deinen Seelenpartner zu dir hinzieht. Wenn du diese Übung mehrere Wochen lang durchgeführt hast, wirst du feststellen, dass dein Bild schärfer wird und sich ändert, je stärker du dich auf sein wirkliches Wesen einschwingst.

Nicht nur das, du wirst dich auf dieses Wesen auch heftiger konzentrieren und einpendeln. Vielleicht bemerkst du sogar seltsame Empfindungen oder Gedanken in Bezug auf ihn in dir emporsteigen. Das sind die Auswirkungen einer stärker werdenden Verbundenheit zwischen euch. Du spürst nicht nur ihn, sondern er spürt auch dich. Klarheit wird der Zeitpunkt bringen, an dem ihr euch begegnet. Dann werdet ihr euch so genau kennen, dass es einfach klicken muss.

Diese Übung kann im Stehen gemacht werden, die Augen geschlossen oder vor einem langen Spiegel. Wenn du den Spiegel benutzen willst und du dich darin siehst, stelle dir vor, dass sich irgendjemand, dein besonderer Geliebter, darin zu dir gesellt. Im Verlaufe der einzelnen Übungsschritte kannst du tatsächlich sehen, wie er dich begleitet.

Der Gebrauch eines Spiegels bedarf einer starken Konzentration, aber er vertieft die Erfahrung. Vielleicht liegt es daran, dass du zuschaust, wie dein Körper die einzelnen Schritte vollzieht, was deinen Geist und deine Gefühle fesselt, während du deinen Seelenpartner im Spiegel ins Leben rufst. Letztlich wird er heraustreten und Wirklichkeit werden.

Führe die Übung im Stehen durch. Diese Art ziehe ich persönlich vor, da sie eine höchst befriedigende Erfahrung mit sich bringt.

Hilfsmittel: Salbei, Patchouli oder Jasmin zum Räuchern; Liebesöl.
Dauer: 15-30 Minuten

- *Lege sanfte Musik auf.*
- *Erde dich, reinige das Energiefeld und hole deine eigene Energie zurück.*
- *Brenne etwas Salbei ab, um alte Energien in dir und in deiner Umgebung aufzulösen und dich davon zu befreien. Am Anfang willst du mit deiner eigenen Energie arbeiten.*
- *Diesmal stehst du bei der Übung barfuß da.*
- *Zünde Jasmin- oder Patchouli-Räucherstäbchen an.*
- *Träufele einige Tropfen von dem Liebesöl darauf, damit die Liebesschwingung den Raum erfüllt.*
- *Rufe die Essenz deines Seelenpartners herein.*
- *Vielleicht möchtest du deine Augen schließen; auf diese Weise kann man sich leichter etwas vorstellen. Führe dir vor Augen, wie dein Seelenpartner auf dich zukommt, bis er vor dir steht (nicht neben oder hinter dir). Es ist so, als ob ihr euch begegnen würdet. Solltest du die Übung vor dem Spiegel machen, stelle dir vor, dass er sich dir nähert.*
- *Salbe dich mit dem Liebesöl. Betupfe jedes einzelne Chakra damit. Beginne mit dem siebten Energiezentrum, dem Scheitel-Chakra. Stelle dir dabei vor, wie sich von jedem Chakra aus zwischen dir und deinem Seelenpartner Linien bilden, an denen die Energien vor- und zurückzischen. Sprich folgende Worte:*

»Von meinem siebten Chakra aus verbinde ich mich mit meinem Seelenpartner – Geist zu Geist.«

»Von meinem sechsten Chakra aus verbinde ich mich mit meinem Seelenpartner – Gedanke zu Gedanke.«

»Von meinem fünften Chakra aus verbinde ich mich mit meinem Seelenpartner – telepathisch.«

»Von meinem vierten Chakra aus verbinde ich mich mit meinem Seelenpartner – Herz zu Herz.«

»Von meinem dritten Chakra aus verbinde ich mich mit meinem Seelenpartner – mit meiner Kraft.«

»Von meinem zweiten Chakra aus verbinde ich mich mit meinem Seelenpartner – auf sexueller Ebene.«

»Von meinem ersten Chakra aus verbinde ich mich mit meinem Seelenpartner – mit meinem Körper und allen meinen Grundbedürfnissen.«

- *Salbe deine Füße. Sprich: »Ich stehe fest auf der Erde, verankert und bereit für meinen Geliebten.«*
- *Salbe deine Handflächen. Sprich: »Über meine Hände verbinde ich mich mit meinem Seelenpartner.«*
- *Fahre mit deinen Händen über deine Aura. Sprich: »Meine Aura ist erfüllt von seiner Energie.«*
- *Konzentriere dich auf deinen Seelenpartner. Spüre, wie groß er ist; welche Gestalt er hat; wie sein Haar aussieht und wie es sich anfühlt. Führe deine Hände an seinem Körper entlang;*

beachte, wie sich die Berührung anfühlt. Stelle dir seine Hände vor; ergreife sie. Wie ist sein Händedruck?

- *Lasse die Energie durch deinen Körper fließen. Beachte, an welcher Stelle du dich am weitesten öffnest und wo deine Energie am stärksten blockiert ist. Das weist darauf hin, in welchen Bereichen du für deinen Seelenpartner bereit bist und in welchen noch nicht. Atme tief durch.*
- *Wenn du dich vollständig fühlst, falte deine Hände übereinander und über deine Schultern und beende den Energieaustausch. Danke deinem Seelenpartner, dass er sich mit dir verbunden hat. Dann kannst du dir eine Trennung dieser Schnüre vor Augen fuhren. Du musst sie in jedem Falle durchtrennen, denn du möchtest nicht, dass dich diese Energie in deinem Alltag überwältigt. Der gesamte Prozess gehört zu deiner privaten Welt.*

Verbinde dich mit deinem Seelenpartner

Du hast die Essenz deines Seelenpartners herbeigerufen, damit sie dich umgebe und berühre (Übung 1). Diesmal sollst du in die Essenz deines Seelenpartners eintauchen, damit beide Essenzen ineinander übergehen. Am besten könnte man diesen Vorgang mit einem Bad vergleichen. Langsam sinkst du ins Badewasser, um dich an seine Temperatur zu gewöhnen. Dann, wenn die Wärme des Wassers deine Muskeln durchdringt, entspannen und lockern sie sich, wobei sie Giftstoffe freisetzen und dir erlauben, die wohlige Wärme aufzunehmen.

Wenn du bei dieser Übung tatsächlich ein Bad nehmen möchtest, um in deinen Seelenpartner einzutauchen, zögere nicht. In diesem Falle lasse einfach das Wasser laufen und bitte darum, dass die Essenz deines Seelenpartners es durchdringen möge. Wenn du dann ins Bad steigst, wirst du einfach darin versinken.

Aus mehreren Gründen nehme ich für diese Übung kein wirkliches Bad. Einige Leute mögen keine Bäder oder besitzen keine Badewanne. Es bedarf eines gewissen Aufwandes und ist nass und unschön. Einen Stuhl oder einen Sessel zu verwenden, ist einfacher und für jeden zugänglich.

Diese Übung ist sehr einfach, aber dennoch wirkungsvoll. Ich arbeitete sie vor vielen Jahren aus und vergaß sie dann völlig, bis mich eine Freundin an den bemerkenswerten Erfolg erinnerte, den sie bei der Verwirklichung ihres Seelenpartners dadurch erzielt hatte. Sie kann häufig wiederholt werden, was die hergestellte Verbindung mit dem Seelenpartner eigentlich nur noch vertieft.

Für den Vorgang selbst gibt es keine zeitliche Begrenzung; er kann zwischen fünf und dreißig Minuten dauern. Nicht die Länge des Eintauchens fällt ins Gewicht, sondern wie intensiv und konzentriert es abläuft. Wenn du also fünf Minuten lang deine Aufmerksamkeit auf deinen Seelenpartner richtest und dich vom Gefühl her völlig darauf einlässt, wie die Essenz deine Haut streichelt, dein Herz berührt und deinen Körper von innen her umarmt, wirst du ebensoviel Nutzen daraus ziehen, wie aus einer zwanzigminütigen Sitzung.

Vielleicht glaubst du nicht, dass dabei etwas passiert oder fühlst nichts, doch du musst nicht unbedingt etwas spüren, um behaupten zu können, dass etwas geschieht. Diese Ermahnung gilt vor allem dann, wenn du gefühlsmäßig nahezu abgestorben bist, weil du dein Bewusstsein für jegliche Gefühle abgeschaltet hast, um keinen Schmerz mehr zu empfinden. Aber sie existieren, und irgendwann wirst du dich auf sie einschwingen.

Führe die Übung wie gewöhnlich dann durch, wenn es still im Haus ist und es keine Störungen gibt. Eigentlich kannst du sie an jedem ruhigen Ort vornehmen, da sie innerlich abläuft und nicht allzu viel Zeit in Anspruch nimmt.

Dauer: Im Allgemeinen nicht länger als 15-20 Minuten.

- *Erde dich, reinige die Energie und baue dein eigenes Feld auf.*
- *Lege Musik auf, die Erinnerungen in dir wachruft. In diesem Falle mag es keine sanfte Musik sein, sondern etwas, das du wirklich liebst. Vielleicht ist es ein romantisches Stück oder eines, das den Wunsch in dir weckt, dich in die Arme deines Seelenpartners zu flüchten.*
- *Setze dich auf einen Stuhl, dem gegenüber ein leerer Stuhl oder eine leere Couch steht. Atme zur Vorbereitung einige Male tief ein.*
- *Rufe die Essenz deines Seelenpartners herbei und bitte ihn, sich auf den leeren Stuhl zu setzen. Dadurch füllst du diesen Platz mit seiner Essenz.*
- *Wenn du bereit bist, erhebe dich und gehe auf ihn zu. Setze dich sehr langsam und bedächtig zu deinem Seelenpartner. Lasse seine Essenz deinen Körper umgeben und durchdringen. Bade darin. Überflute dich mit der Essenz deines Seelenpartners. Fühle sie auf deiner Haut, in deinem Herzen, in deinem Geist. Stelle dir vor, wie er Liebkosungen in dein Ohr flüstert, während er dich von innen heraus umarmt.*
- *Stelle dir eine Kugel aus rosafarbenem Licht vor, die dich und deinen Seelenpartner umgibt, sodass dieser Strahlenkreis euch beide umhüllt. Dieses rosa Licht fördert die Verschmelzung eurer Essenzen.*
- *Sollten irgendwelche Zweifel, Ängste oder Sorgen auftauchen, danke ihnen und betrachte sie als Blasen, die deinen Körper verlassen und in die Vergessenheit hüpfen. Führe dir während der Übung dieses Bild immer wieder vor Augen, sobald sich die Stimmen erneut rühren. Mit dem Verschwinden einer jeden Blase bleibt ein kleines Loch in deinem Energie-*

feld zurück, in dem deine Ängste und Zweifel steckten. Das Licht füllt auch diese Löcher aus.

- *Atme weiter, löse dich von deinen Zweifeln und schwelge in der Essenz deines Seelenpartners. Vertiefe und genieße diese Erfahrung.*
- *Wenn du dich vollständig fühlst, erhebe dich wie aus einer Badewanne, das Wasser an dir abperlend. Stelle dir vor, dass die Essenz deines Seelenpartners auf dem Stuhl hinter dir zurückbleibt. Lasse das rosa Licht verblassen.*
- *Kehre zu deinem Sitz zurück. Danke deinem Seelenpartner für sein Kommen. Lasse seine Essenz sich entfernen.*

Das Leuchtfeuer

Das Leuchtfeuer ist ein unbewusster Mechanismus in deinem Herzen, der dazu dient, eine bestimmte Art der Beziehung für dich ausfindig zu machen. Man kann es sich unter anderem als Satellitenschüssel vorstellen, die sich zu drehen beginnt, sobald du jemandem begegnest. Es funktioniert folgendermaßen: Sobald es in Betrieb gesetzt wird, sendet es Signale aus, um nach der richtigen Person zu fahnden, die zu seinem Programm passt. Wenn diese auf das Energiefeld oder die Aura eines möglichen Partners treffen, wird das Leuchtfeuer der anderen Person entfacht, das dann die erbetenen Informationen zurück zu dir sendet.

Eine andere Möglichkeit, den Vorgang zu beschreiben, wären zwei Computer, die über ein Modem miteinander sprechen. Sie brauchen einen »Händedruck« (Informationsaustausch), um sicherzugehen, dass sie sich unterhalten können. In diesem Moment ist eine Verbindung hergestellt.

Sobald dein Leuchtfeuer das Antwortsignal erhalten hat, benutzt es diese Information, um zu entscheiden, ob es zwischen dir und jener Person Gemeinsamkeiten gibt und wie viele. Je stärker ihre speziellen Eigenschaften zu deinem Programm passen, desto attraktiver wird diese Person für dich sein.

Wenn dein Leuchtfeuer signalisiert: »Ich suche nach XYZ«, und das andere zurückfunkt: »Ich habe ABC«, dann hakt dein Kontrollsystem jene Person sofort ab (»zu unterschiedlich«) und sucht weiter.

Was geschieht, wenn du zufällig jemanden triffst, der signalisiert: »XYZ«? Ein Treffer! Feuerwerk! Pauken und Trompeten! Du hast jemanden gefunden, der deinen charakteristischen Zügen entspricht! Du möchtest ihn näher kennenlernen! In diesem Moment beginnst du, auf diese Person hinzustreben, um eine Verbindung herzustellen, weil du im Unterbewusstsein weißt, dass sie dich bereits anzieht.

Der Aussortierungsvorgang läuft im Bruchteil einer Sekunde ab (weitaus kürzer als diese Erklärung). Und jetzt hast du es schon auf eine intellektuelle Ebene heruntergeholt. Es geschieht buchstäblich so rasch, wie wenn man sich in einem Raum umschaut und einen kurzen Blick auf die Anwesenden wirft. In diesem Moment akzeptierst du mögliche Partner oder weist sie zurück, und das alles nur auf Anweisung deines Leuchtfeuers. Du kennst bloß das Ergebnis seiner Suche – und das alles läuft völlig unbewusst ab.

Deshalb wählte Joy treffsicher den Misshandler und Dave geriet unvermeidbar immer wieder an denselben verzweifelt bedürftigen Typ (Unterschied in Gesicht und Körper, dasselbe Problem).

Wie konnte das geschehen? Als du anfangs dein Leuchtfeuer entzündet hast, griff es auf Familienmuster aus deiner Kindheit zurück, um dir zu helfen, vernünftige Entscheidungen bei der Wahl deiner Liebhaber zu treffen – »Ist das der Richtige oder nicht?« – aber ohne recht zu verstehen, warum du dich zu ihnen hingezogen fühltest. Diese alten Muster sind in ihm eingraviert, und es zieht daher immer noch dieselbe Art von Personen an. Du möchtest sie aber eigentlich gar nicht in deinem Leben haben. Hier liegt das Problem. Bislang vermochte dein Licht nur solche Menschen herbeizulocken, für die es programmiert war, egal was du dir wünschst. Es verhält sich wie mit dem Golem; er fährt mit seiner geistlosen Arbeit solange fort, bis du das magische Wort gefunden hast, um ihn aufzuhalten. Bisher fehlte es dir an der Fähigkeit oder dem richtigen Zauberwort.

Es ist daher an der Zeit, deinem Lehrling einen neuen, auf den neuesten Stand gebrachten Zauberspruch zu geben, der es ihm erlaubt, bei deiner Entwicklung mitzuhalten. Wichtiger noch, diesmal wirst du dein Leuchtfeuer der Energie deines Seelenpartners aussetzen, damit es danach suche.

Du kannst deine Flamme selbst neu einstellen oder es deinem höheren Selbst überlassen. Der einfachste Weg, sie neu zu gestalten, besteht darin, einen völlig andersartigen Mechanismus einzubauen, etwas, das auf deinen Seelenpartner abgestimmt ist. Möchtest du dich aber nicht von ihr trennen, kannst du sie säubern, auf den neuesten Stand bringen und darum bitten, dass dein Seelenpartner ihr seine Energie aufprägt.

Sobald du sie einschaltest, wird sie beginnen, ihr Signal auszusenden, um die Energie des Seelenpartners, eines oder mehrerer, anzuziehen. Bereite dich darauf vor, denn es kann ein sehr aktives, gesellschaftliches Leben auf dich zukommen!

Nimm dir jetzt einen Moment die Zeit, dich zu fragen, ob du fähig und willens bist, diese neuen Partner in dein Leben eintreten zu lassen, wenn du begonnen hast, sie anzulocken. Sei ehrlich zu dir selbst. Sollte die Antwort nicht auf ein eindeutiges JA hinauslaufen, dann mache besser rasch einige Übungen des Loslassens. Ansonsten bist du vielleicht überwältigt und schiebst deinen Seelenpartner zurück, was du eigentlich gar nicht willst.

Sobald die Signalleuchte so eingestellt worden ist, dass sie jetzt dich und deinen Seelenpartner widerspiegelt, wird sie auf einer sehr viel höheren Frequenz schwingen. Während du dich auf deinen Seelenpartner vorbereitest, wirst du Veränderungen auf allen Ebenen bemerken – bei den Menschen, denen du begegnest, deiner Familie, deinen Freunden und in Glaubensangelegenheiten.

Hilfsmittel: Süßgras oder Nag Champa Räucherwerk
Dauer: 30 Minuten

- *Erde dich, reinige die Energie und hole deine eigene Energie zu dir zurück.*
- *Lege sanfte Musik auf. Brenne ein wenig Süßgras oder Nag Champa ab, um dich selbst zu reinigen. Deine Energie soll möglichst klar sein.*
- *Rufe dein höheres Selbst. Es wird dir helfen und dich anleiten, dein Leuchtfeuer zu entfernen und neu einzustellen.*
- *Nimm einen Aufzug von deinem Verstand hinunter zu deinem Herzen (das ist nicht dein physisches Herz, sondern ein symbolisches). Dort wirst du dein Leuchtfeuer finden. Schaue es dir an oder entwickle ein Gespür für seine Beschaffenheit. (Wenn du es nicht sehen/spüren/fühlen kannst, stelle es dir dort einfach vor.) Es ist dieser Bereich, der für das Heranziehen deiner Partner sorgt. Löse dich von ihnen, es sei denn, du fühlst dich wirklich mit ihnen verbunden. Lasse dein höheres Selbst etwas Neues dafür bringen.*
- *Wenn du an der alten Leuchte hängst, bitte dein höheres Selbst um ein mit goldener Flüssigkeit gefülltes Gefäß. Lege sie hinein, um sie zu säubern.*
- *Nimm sie wieder heraus. Betrachte ihren Zustand. Ist er in Ordnung, funktioniert sie. Sollte sie jedoch übel zugerichtet*

sein, nicht arbeiten, seltsame Geräusche von sich geben oder anderweitig untauglich sein, dann wirf sie einfach weg. Bitte dein höheres Selbst, dich mit einem neueren Modell von höherer Schwingungsrate zu versorgen.

- *Rufe deinen Seelenpartner. Lasse ihn die neue Leuchte, die dein höheres Selbst hält, mit seiner Energie tränken, damit sie ein Signal übermittelt, das nach dieser Schwingung in der Welt sucht. Hier sind einige Vorschläge dazu:*
- *Lege das Seelenpartner-Programm in die Signalleuchte.*
- *Lasse sich die Seelenpartner-Essenz buchstäblich imprägnieren.*
- *Ersetze das alte Anziehungsmodell durch das Modell deines Seelenpartners.*
- *Präge dem Übertragungsmechanismus des Leuchtfeuers ein Bild ein, auf dem du und dein Seelenpartner glücklich vereint seid.*
- *Hänge die Leuchte, neu oder aufpoliert, zurück an die Wand. Schalte sie ein. Sie sendet ihre Signale aus und sucht nach deinem Seelenpartner. Da sie nun ihre Arbeit verrichtet, mache du dich für das Auftauchen deines Seelenpartners bereit!*

Übung 10

Energiewirbel

Du bist mit deiner Familie (Geschwistern, Eltern) verbunden gewesen und hast heute und in der Vergangenheit Beziehungen zu deinen Partnern und Freunden aufgebaut. Alle diese Beziehungen haben etwas Vertrautes an sich und beeinflussen in gewisser Weise dein Leben. Wenn du nicht irgendwie daran gearbeitet hast, dich zu lösen, bleibt jede Beziehung in Form eines Bandes, das in deinem Herzen befestigt ist, an dir haften. Je nach der Vielgestaltigkeit der Beziehung, kann sich dieses Band um deinen Körper schlingen, sodass es dich fesselt.

Ein Teil deiner Energie ist von diesem speziellen Bereich deines Lebens so in Anspruch genommen, dass sie dir nicht zur Verfügung steht. Das bedeutet, du hast keinen Zugang zu deiner gesamten Lebenskraft. Du scheinst aufgesplittert zu sein.

Wie merkst du das? Denke an einen verflossenen Liebhaber oder an ein Familienmitglied, jemanden, der eine starke emotionale Reaktion in dir auslöst. Was spürst du in deinem Körper? Je stärker das Gefühl, desto mehr Energie hast du dort gebunden.

Es bietet sich der Vergleich zwischen einem Maulwurfshügel und einem Berg an. Je intensiver du über ein Problem nachdenkst, desto mehr Energie legst du hinein, und eine Geringfügigkeit wird zu einem Berg eingefrorener Energie. Nur eine Lösung des Problems kann ihn beseitigen. Du spürst einen plötzlichen Stoß, wenn der Berg die Energie freisetzt, die nun in dein Energiezentrum zurückkehren kann. (Das Ausräumen des Kleiderschranks!)

Wenn du dich nicht von einem Menschen lösen kannst oder dich gedanklich mit ihm beschäftigst oder auf ihn reagierst (positiv oder negativ), hat er immer noch Anteil an deinem Energiefeld und raubt dir etwas von deiner Lebenskraft. Seine Fäden haben sich um dich geschlungen und begrenze deine Gedanken, Gefühle und Wünsche. Werden diese Fäden entwirrt, können beide Partner einer solchen Beziehung, du und die andere Person, auf emotionaler und Energieebene voneinander getrennt werden.

Hast du jemals einen mit einer Kordel umwickelten Stab tanzen lassen? Beim Herumwirbeln lockert sich die Kordel und schleudert davon. Genau das wirst du bei dieser Übung machen - die Bindungen lockern und sie dann von dir abtrennen. Sobald das geschehen ist, kannst du die Essenz des Seelenpartners aufnehmen.

Dieser Vorgang verläuft also in zwei Schritten - im entgegengesetzten Uhrzeigersinn zur Ablösung und im Uhrzeigersinn zum Hereinholen. Du wirbelst also die alten Beziehungen hinaus und deinen Seelenpartner herein.

Diesmal werden deine Helfer aus dem Engelreich stammen, denn nur ihnen ist es möglich, die von dir abgewickelten Bänder zu beseitigen, ohne dass dein Ego oder deine Furcht im Wege steht. Vielleicht möchtest du dabei wegen deiner eigenen Ängste oder der Bedürfnisse deines ehemaligen Partners nicht alle Bindungen lösen. Überlasse den Engeln die Arbeit. Sie werden sie tadellos und sanft durchführen.

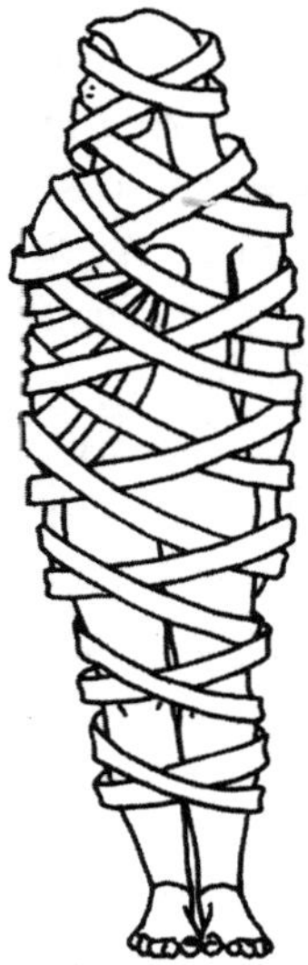

Frühere Beziehungen in Form von Bändern mögen dich auf der Suche nach deinem Seelenpartner binden

Bitte sie als Erstes, die Bänder für jede Person, von der du umwickelt bist, aufzunehmen. Wahrscheinlich weißt du nicht einmal genau, wer diese Personen sind. Einige von euch werden Hunderte von Engeln für alle diese Bänder benötigen, andere vielleicht nur einige. Du musst nicht unbedingt wissen, mit wie vielen Fäden du verknüpft bist. Bitte einfach darum, dass so viele Engel dir helfen mögen, wie du benötigst. Während du drehst, werden sie abwickeln.

Vielleicht möchtest du nur einige Bänder beseitigen und die Übung mehrmals wiederholen, weil du dich doch recht wohl in deiner Verpuppung fühlst. Wichtig ist nur deine Absicht. Übereile nichts. Nimm dir Zeit zu dieser Arbeit und führe sie an deinem Lieblingsort durch.

Sobald du dich von allen Bindungen befreit hast, wirst du sehr viel mehr Lebensenergie verspüren. Je stärker du zu dir selbst gefunden hast, desto vollständiger wirst du bei der Begrüßung deines Seelenpartners sein.

Engel helfen, alte Bindungen abzuwickeln

Dauer: 30 Minuten

- *Erde dich, reinige die Energie und hole deine eigene Energie zurück.*
- *Stehe mitten im Raum, damit du genügend Bewegungsfreiheit hast, auch zum Schütteln. Wenn man sich im Kreis dreht, kann man leicht aus dem Gleichgewicht geraten und herumstaksen.*
- *Stelle dir vor, dass jede Beziehung, die du eingegangen bist, einem Band gleicht, das sich um deinen Körper windet. Rufe einen Engel herbei, das Bandende zu finden. Du magst ein Gespür dafür bekommen, mit welcher Person du verquickt bist. Oder du sprichst ganz bewusst: »Ich gebe dem Engel das Band von meinem Vater/meiner Schwester/meinem Bruder/meiner Mutter/meinem Geliebten (nenne die Person).« Ich schlage vor, die Anzahl der Bänder, die der Engel aufnimmt, zumindest am Anfang auf eins bis drei zu begrenzen, bis du dich an die Erfahrung gewöhnt hast.*
- *Drehe dich langsam im entgegengesetzten Uhrzeigersinn. Du sollst keinem Derwisch nacheifern; drehe dich nicht zu schnell. Ich möchte nicht, dass du das Gleichgewicht verlierst. Vielleicht vermagst du dich nur ein paar Mal herumzudrehen. Ruhe dich eine Weile aus und fahre dann fort. Drehe dich so lange, bis du spürst, dass du das Band abgewickelt hast. Du magst es nicht fühlen, auch nicht, dass es vollständig abgespult ist, doch dein Körper erkennt es instinktiv. Halte inne, wenn es richtig zu sein scheint.*
- *Wenn du das Band abgewickelt hast, ziehe sein Ende mit der Hand aus deinem Herzen, so wie du den Stecker aus der Steckdose herausziehst. Dann lasse den Engel das Band forttragen. Vielleicht nimmst du irgendeine Reaktion (außer*

Schwindel) in dir wahr, wie Erleichterung, Ärger, Traurigkeit oder Überraschung; oder Erinnerungen an Menschen oder Ereignisse aus längst vergangenen Zeiten tauchen auf. Dies geschieht, weil deine Energie zu dir zurückkehrt.

- *Solltest du den Mut dazu besitzen, dann wirbele dich von verschiedenen Beziehungen gleichzeitig los.*
- *Dann lasse einen Sonnenstrahl durch dein Scheitelzentrum in dich hineintreten und das goldene Licht alle diejenigen Bereiche in deinem Herzen anfüllen, in denen jene Bänder befestigt waren, und lasse es deine Aura durchstrahlen. Die in deinen Körper hineingeströmte Energie sollte angepasst und neu ausgerichtet werden.*
- *Atme mehrere Male tief durch und beuge dich nach vorne. Lasse deinen Kopf einige Augenblicke nach unten hängen, um überschüssige Energie freizugeben. Richte dich wieder auf. Diese natürliche Unterbrechung zwischen zwei Schritten erlaubt es dir, deine Schwingung zu verlagern, nämlich vom Loslösen zum Hereinbitten.*
- *Rufe deinen Seelenpartner zu dir, sodass er vor dir steht. Sende ein Liebesband von deinem zu seinem Herzen und bitte ihn, ebenfalls ein Band zu dir zu schicken.*
- *Umwickele dich mit diesen Bändern, indem du dich im Uhrzeigersinn drehst und deinen Körper von der Essenz deines Seelenpartners umfangen lässt. Drehe dich so lange, wie es dir gefällt. Je stärker du dich im Kreise drehst, desto dichter wirst du eingehüllt.*

Vielleicht möchtest du die gesamte Übung mehrmals durchführen. Obwohl du annehmen magst, dass du alle an dich gebundenen Menschen abgeschüttelt hast, wirst du wahrscheinlich entdecken, dass es darunter versteckt noch mehr gibt, die erst zutage treten, wenn du die anderen losgelassen hast.

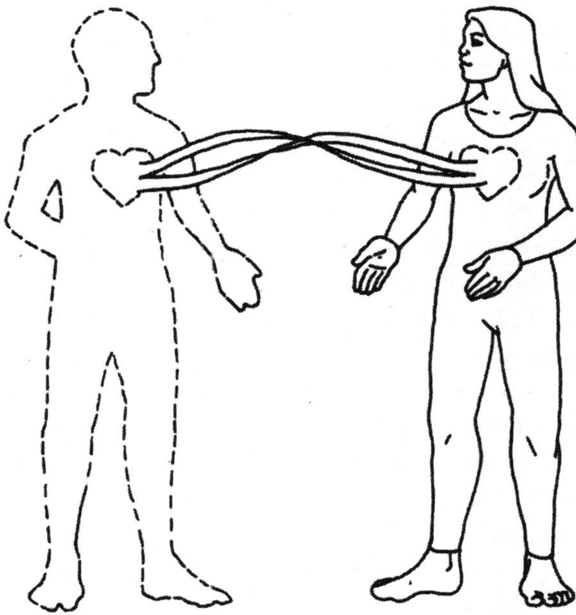

Das Herbeirufen der Essenz deines Seelenpartners

Übung 11

Die Engel und das kosmische Band

Keine Übungsreihe ist ohne die Beteiligung deiner eifrigsten Helfer und Führer vollständig – und das sind die Engel. Mehr als alle anderen Wesen freuen sie sich, dich darin zu unterstützen, eine Verbindung zu deinem besonderen Seelenpartner zu verwirklichen. Da sie nur dein Bestes im Sinn haben, solltest du ihre Hilfe unbedingt in Anspruch nehmen. Ihre Gegenwart erinnert dich bewusst oder unbewusst daran, dass du geliebt wirst, von Bedeutung und ein Individuum bist. Ebenso wichtig ist es zu wissen, dass sie stets bereit sind, dich zu unterstützen.

Aufgrund ihres übernatürlichen Wesens betrachten die Engel deine Lebensreise mit anderen Augen. Sie wollen nur dein Bestes. Doch das mag auch bedeuten, beobachten zu müssen, wie du unendlich schmerzliche, für dein Wachstum unerlässliche Erfahrungen durchlebst oder dich bemühst, mit karmischen Schulden oder Wunden fertig zu werden. Dennoch, ihre himmlische Liebe ist gegenwärtig, um dich zu trösten, dir Geborgenheit zu schenken und dich aufzurichten.

Was musst du unternehmen, um die Unterstützung der Engel für die Verwirklichung deiner Wünsche zu erhalten?

Bitte sie direkt um Hilfe. Du kannst sie anrufen, dich in einer speziellen Situation zu unterstützen oder du bittest ganz allgemein um Hilfe oder, wie in diesem Falle, dass sie deinen Seelenpartner zu dir bringen mögen. Aber du musst auch deinen Teil dazu beitragen; du musst dich festlegen, egal was die Suche bringt. Denn in dieser Übung wirst du die Engel bitten, dir bei deinem »kosmischen Band« zu helfen.

Bei dem »kosmischen Band« handelt es sich um ein spezielles Energieband, das die Herzen zweier Menschen miteinander verbindet und von den Engeln in eure Herzen fließt. Es ist ein überirdischer Segen, den die Engel euch schenken.

Energiebänder sind gewöhnlich in bestimmten Chakras von anderen Leuten, wie Eltern, Geliebten, Kindern, Freunden, Mitarbeitern, Arbeitgebern, Seelsorgern und so weiter, an uns befestigt worden. Sie versperren dir den Weg und behindern dein Wachstum, indem sie deine Energie blockieren. Doch du verfährst mit anderen Menschen ebenso.

Bevor du dein kosmisches Energieband zu aktivieren vermagst, musst du möglichst viele jener Fäden beseitigen (siehe Übung 10), indem du dich von anderen zwar löst, deine eigene Energie aber unversehrt bleibt. Sobald die Fesseln beseitigt worden sind, kannst du das kosmische Band, das dir einen ununterbrochenen Strom der Liebe und Freude schenkt, annehmen.

Dieses kosmische Band himmlischer Liebe verbindet dich mit deinem Seelenpartner. Dies ist noch ein anderer Weg, euch beide zusammenzubringen, falls es zu eurem Besten gereicht.

Wenn du die Engel darum bittest, überschütten sie euch beide mit ihrem Segen.

Vielleicht stellst du dir vor, dass die Engel auf der Spitze eines Dreiecks stehen und das kosmische Band auf euch beide hinunterstrahlen und dann, sobald ihr miteinander verbunden seid, einen Lichtring um euch legen, der sich immer mehr zusammenzieht, bis ihr schließlich nahe beieinander steht.

Dauer: Bis zu 30 Minuten

- *Erde dich, reinige die Energie und hole deine eigene Energie wieder heim. Spiele angenehme Musik und schließe die Augen.*
- *Entferne die Bänder von deinen Chakras (siehe Übung 10). Stelle dir vor, an ihrem Ende sitze ein viereckiger Stöpsel, der aus dem Chakra gezogen werden muss. Sobald sie gelöst werden, surren sie zu ihrem Besitzer zurück. Gehe mit jedem Chakra vorne und hinten in der gleichen Weise vor. Du kannst kein kosmisches Band einbringen, solange die anderen störenden Einflüsse nicht beseitigt worden sind.*
- *Rufe die Engel der Liebe. Betrachte dich als Schale, die bereit ist, mit ihrer himmlischen Liebe angefüllt zu werden.*
- *Lasse die Engel kosmische Bänder zu dir und deinem Seelenpartner hinabsenden. Sie sind reine Engelsliebe, die dich überflutet. Sie bilden einen Kanal, durch den ihre Liebe in dein Herz fließt. Dasselbe geschieht mit deinem Seelenpartner.*
- *Nun bist du an der Reihe. Konzentriere einen Strahl der Liebe aus deinem Herzen in das Herz deines Seelenpartners und stelle dir vor, dass er das Gleiche für dich tut, damit aus jedem Herzen ein Strom der Liebe fließt. Du bist in dreifacher Weise an dem Vorgang beteiligt. Du strahlst Liebe auf deinen Seelenpartner, dein Seelenpartner strahlt Liebe auf dich, und die Engel verströmen Liebe auf euch beide.*
- *Lasse die Engel einen Lichtring um euch legen. Allmählich zieht sich dieser Ring zusammen, sehr langsam, langsam, bis sich eure Energiefelder treffen, auf dieser geistigen Ebene nicht länger getrennt, sondern verbunden.*
- *Verweile einige Augenblicke in diesem himmlischen Kreis und fühle den Strom der Liebe.*

➲ *Dann, wenn du bereit bist, öffne wieder die Augen und kehre in den Raum zurück.*

Diese Übung kannst du jederzeit wiederholen. Sie bietet einen sicheren Weg, um dich mit der Energie deines Seelenpartners vertraut zu machen.

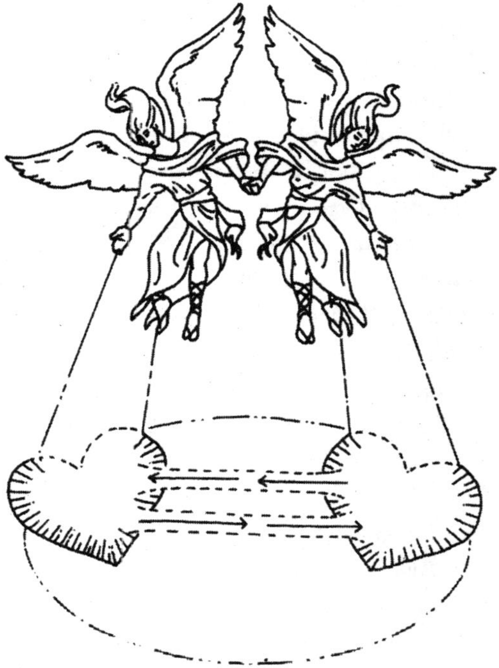

Engel und die kosmischen Bänder, die dich und deinen Seelenpartner miteinander verbinden

Eine Kerze anzünden

Wenn du die Essenz deines Seelenpartners herbeirufst (Übung 1) oder ihn in deinem Leben willkommen heißt (Übung 3), stellst du vielleicht fest, dass dich der Gedanke an eine tatsächliche Begegnung ängstigt und beunruhigt. Wenn du noch nicht reif dafür bist, wird dein Seelenpartner nicht kommen – nicht eher, als bis du dich mit dem Aspekt des Loslassens auseinandergesetzt und eine innere Aufnahmebereitschaft erarbeitet hast. Eine Möglichkeit wäre das Anzünden einer Kerze in einem Ritual, in der Meditation oder im Gebet.

Die Kerze wirkt als Konzentrationspunkt für deine Energien, deinen Willen, deinen Wunsch und deine Hoffnung. Bei dieser Übung beginnst du mit einer farbigen Kerze und entzündest dann eine weitere. Wenn die erste Kerze brennt, werden alte Konzepte, Energien und Schwingungen gelöst. Die zweite Kerze konzentriert sich darauf, deinen Seelenpartner anzuziehen.

Es ist wesentlich, diejenige Farbe abzubrennen, die einem bestimmten Zweck dient, da verschiedene Farben unterschiedliche Wünsche oder Energien darstellen. Jede Farbe besitzt ihre eigene Schwingung.

Kerzen der Liebe sind rosa (was für Zuneigung/Liebe steht).

Kerzen der Anziehung sind rot.

Kerzen der Loslösung sind schwarz oder weiß.

Bevor wie fortfahren, möchte ich den Unterschied zwischen Anziehung und Liebe erklären (sie sind nicht dasselbe). Anziehung ist etwas, das du einem anderen Menschen, irgendjemandem, gegenüber empfindest. Oft ist ein starkes Element der Sexualität daran geknüpft. Im Grunde genommen kann man sich zu einem Menschen völlig emotionslos hingezogen fühlen. Liebe hingegen glüht in deinem Herzen für eine ganz bestimmte Person, vorzugsweise deinen Seelenpartner. Wenn du jemanden anziehen möchtest (irgendjemanden), genügt es, eine rote Kerze anzuzünden. Für deinen Seelenpartner aber solltest du eine rosafarbene verwenden.

Kerzen für die verschiedensten Anliegen sind im Handel erhältlich (Wohlstand, Privatbereich, Meditation, Liebe, Anziehung und viele mehr). Die Kerzen sind mit ganz bestimmten Kräutern und Mineralien zubereitet worden, die ihren jeweiligen Zweck verstärken. Die brennende Kerze soll die Umgebung zum Beispiel mit der Energie des Wohlstands durchtränken, damit sie die entsprechende Eigenschaft oder Energie zu dir zieht.

Für deine Zwecke schlage ich jedoch vor, diese Kerzen erst am Ende der Übung einzusetzen, wenn die alten Konzepte vernichtet worden sind und du dich auf die Energie deines Seelenpartners eingeschwungen hast. Dann wird aufgrund deiner größeren Offenheit und Aufnahmebereitschaft ihr Einfluss sehr viel stärker sein.

Einige Esoterikläden »bekleiden« Kerzen mit den entsprechenden Energien und Symbolen. Sie unterscheiden sich von den üblichen Ausführungen, denn du kaufst eine Kerze von ganz bestimmter Farbe, die dann für dich zubereitet wird. Solche Kerzen können jederzeit im Laufe der Übung angezündet werden, um deine Konzentration zu steigern.

Hilfsmittel:
Eine mindestens fünfzehn Zentimeter hohe und drei bis fünf Zentimeter dicke schwarze oder weiße Kerze zum Loslassen und eine rosafarbene für die Liebe. Nimm nicht eine dünne Sorte. Freigestellt: Eine fachmännisch aufbereitete Liebeskerze; auch Liebesöl.

Dauer: Anfangs 30 Minuten

- *Erde dich, reinige die Energie und hole deine eigene Energie zu dir zurück.*
- *Spiele Musik, die Erinnerungen in dir wachruft (was immer dir gefällt).*
- *Entzünde die »Kerze des Freiwerdens«. Lasse sie einige Augenblicke brennen. Betrachte das flackernde Kerzenlicht und sprich: »Ich verbrenne alles, was der Auffindung meines Seelenpartners im Wege steht.« Stelle dir vor, wie die Blockaden, Hindernisse und Ängste, die dich von deinem Seelenpartner fern halten, aus deinem Herz-Chakra gebrannt werden.*
- *Nimm deine Hände und ziehe etwa fünf bis acht Zentimeter vor deinem Herz-Zentrum (dem vierten Chakra) unsichtbare Stränge oder Fäden von Seegras heraus, die in deinem Herzen und in deiner Brust festsitzen. Dieses Zeug versperrt dir den Weg zu deinem Seelenpartner. Wirf diesen gedachten Tang in die Kerzenflamme und lasse ihn verbrennen.*
- *Wiederhole die Worte und den Vorgang mit deinem dritten Chakra (Magen/Solarplexus), dem Genitalbereich (zweites Chakra) und der Wirbelsäulenbasis (erstes Chakra). Anschließend reinige deine Kehle (fünftes Chakra), deine Stirn (sechstes Chakra) und deinen Scheitel (siebtes Chakra).*

- *Vergiss deinen rückwärtigen Körper nicht (Chakras haben zwei Enden). Reinige auch diese.*
- *Fahre mit dieser Ergreifen/Wegwerfen-Bewegung fort, bis du dich ziemlich gereinigt fühlst. Der Gesamtvorgang wird etwa zehn bis fünfzehn Minuten in Anspruch nehmen, wenn du diese Reinigung nur selten durchführst. Je geläufiger sie dir jedoch geworden ist und je reiner du dich fühlst, desto weniger Zeit benötigst du.*
- *Blase die Kerze aus.*
- *Lasse einen Sonnenstrahl dich durchlichten und alle leergefegten Bereiche ausfüllen. Dieses goldene Licht hilft dir auch, deine inneren Schwingungen neu auszurichten. Nimm einen tiefen, reinigenden Atemzug.*
- *Zünde eine rosa Kerze an.*
- *Sprich: »Ich entzünde diese Kerze, um meinen Seelenpartner anzuziehen. Wenn diese Kerze brennt, öffne ich mich für ihn.«*
- *Ziehe die Essenz deines Seelenpartners an. Stelle dir vor, er berührt deinen ganzen Körper, angefangen von deinem Kopf über den Hals, die Finger, die Brust, die Schultern und so fort. Nimm dir Zeit, um dich dieser Erfahrung wirklich hinzugeben (bis zu zehn Minuten). Es kann dir so viel Freude bereiten, wie du möchtest. (Vielleicht nimmst du das Protokoll aus Übung sieben zur Hand.)*
- *Solltest du eine Anziehungs- oder Liebeskerze besitzen, wäre nun der Zeitpunkt gekommen, sie anzuzünden. Lasse sie herunter brennen.*

Es ist ratsam, diese Übung noch drei- bis fünfmal durchzuführen (an verschiedenen Tagen). Es gibt immer noch etwas zu reinigen, und eine Wiederholung verstärkt den Ruf.

Die Puppe

Oft brauchst du ein greifbares Hilfsmittel als Brennpunkt, etwas, das du halten, sehen oder fühlen kannst. In einigen der folgenden Übungen sollst du bestimmte wirkliche Gegenstände herstellen und verwenden, um dich bei deiner Seelenpartner-Arbeit in besonderer Weise zu konzentrieren. Bei dieser Übung wirst du eine puppenähnliche Form benutzen, die nicht größer als zwanzig Zentimeter sein soll und aus irgendeinem natürlichen Material (Stoff, Holz oder Lehm, aber nicht aus Plastik) hergestellt wird. Manchmal kannst du eine neutrale, menschenähnliche Figur in einem Kunstgewerbegeschäft kaufen oder aber du fertigst sie selbst an, doch aus einem dauerhaften Material, da du die Figur eine Weile behalten wirst.

Dieser Puppe werden einige Eigenschaften beigegeben. In gewisser Weise gleicht sie einer »Voodoo-Puppe«, aber anstatt sie mit Nadeln zu bespicken, wirst du sie mit den Eigenschaften deines Seelenpartners versehen.

Bevor du beginnst, denke daran, dass dein Seelenpartner nicht dein Idealpartner ist. Letzterer stellt ein Gebilde deiner Gedanken dar, eine Verschmelzung von Eigenschaften und Ansichten, die du angeblich an ihm erwartest. Es mag (wie es oft der Fall ist) überhaupt nichts mit der Wirklichkeit deines Seelenpartners zu tun haben (siehe Übung 2).

Zum Beispiel kann dein Idealpartner überaus ordentlich sein, während dein Seelenpartner, wie es sich später herausstellen mag, alles verschlampt. Wenn du die Eigenschaften deines Idealpartners in die Puppe legst, dann wirst du sie auch bekommen – nicht aber deinen Seelenpartner.

Doch warte einen Augenblick! Woher weiß ich, wie mein Seelenpartner beschaffen ist? – magst du fragen. Wie kann ich überhaupt irgendwelche Qualitäten in diese Puppe hineinlegen?

Nun, einige sind grundsätzlich notwendig, egal um welche Person es sich handelt. Sie muss liebevoll sein, fürsorglich, unterstützend, intelligent, humorvoll und fröhlich.

Wenn du glaubst, diese Eigenschaften in deiner Beziehung nicht zu verdienen (was oft vorkommt), dann irrst du dich! Andere Eigenschaften, die du von deinem Seelenpartner erwarten kannst, sind die sogenannte Vereinbarkeit, das heißt, er muss auf der gleichen Wellenlänge liegen, die gleichen geistigen Werte besitzen (mit anderen Worten, ein Fundamentalist und ein Atheist eignen sich wohl kaum dazu, eine harmonische Beziehung miteinander einzugehen), weiterhin den Wunsch verspüren, bei dir zu sein (was ohnehin selbstverständlich sein sollte, denn er ist ja schließlich dein Seelenpartner!), dich verstehen und dein bester Freund sein, was umgekehrt auch für dich gilt. Dies sind die Grundelemente, die du von einer Beziehung erwarten solltest, besonders wenn es sich um deinen Seelenpartner handelt.

Beachte, dass nicht von besonderen Charakterzügen die Rede ist, wie »ordnungsliebend«, sondern eher von wesentlichen Merkmalen, die in jeder guten Beziehung wichtig sind. Solange du deinen Seelenpartner noch nicht getroffen hast, magst du weder seine Größe kennen noch seine ethnische Zugehörigkeit, Rasse, Haarfarbe und so fort. Wenn du aber weiterhin die Essenz deines Seelenpartners berührst, mag es dich bisweilen »durchzucken«, und plötzlich erfasst du intuitiv seine Haarfarbe oder Größe. Diese Dinge kannst du dann noch deiner Puppe hinzufügen. Du wirst überrascht sein, wie oft dich im Verlaufe der Übung ein Ruck durchfährt und du eine neue Erkenntnis gewinnst.

Bevor du anfängst, schlage ich vor, ein paar Räucherstäbchen abzubrennen, um die Luft zu reinigen, deine Aufnahmebereitschaft zu steigern und deine Führung anzurufen. Ich rate zu einer leicht süßen Duftnote, wie Nag Champa, die du in den meisten Indien- oder Esoterik-Läden kaufen kannst.

Hilfsmittel:

Eine kleine, menschenähnliche Figur; Buntstifte, verschiedenfarbige feine Markier- oder Farbstifte; bunte Papier- oder Stofffetzen (besonders rot und rosa); Kleber; Nadeln; Klebstreifen; rosa, rote, weiße und goldene Bänder in verschiedenen Längen; Schere; Perlen, Federn oder anderes Schmuckwerk; Nag-Champa-Räucherstäbchen.

Dauer: höchstens eine Stunde

- *Lege alle deine Utensilien bereit.*
- *Begib dich entweder zu Hause oder draußen in der Natur in deinen kleinen Privatbereich, wo dich niemand stört. Irgendwelche Ablenkungen würden den Prozess sehr schwierig gestalten.*
- *Wenn möglich, spiele ein wenig Musik, etwas, das deine Stimmung und deine Konzentration steigert, dich aber nicht ablenkt (keine laute Klimpermusik – auch keinen Rock). Schließlich willst du dich ja in eine romantische Stimmung versetzen, um deinen Seelenpartner herbeizurufen.*

- *Erde dich, reinige die Energie und hole deine eigene Energie wieder zurück.*
- *Zünde das Räucherstäbchen an und führe es im Kreis um deinen Arbeitsbereich. Ziehe dann die Puppe durch den Rauch, um irgendwelche noch an ihr haftenden alten Energien zu entfernen. Du willst ja deine eigene Energie in sie hineinlegen.*
- *Sollte deine Puppe kein Gesicht haben, so zeichne eins hinein; es kann in Einzelheiten gehen oder ganz abstrakt sein, so wie es dir am angenehmsten ist.*
- *Rufe das Wesen deines Seelenpartners an (Übung 1). Nimm dir einige Augenblicke Zeit, um seine Essenz gedanklich und körperlich festzuhalten.*
- *Sprich mit klarer Stimme: »Ich bitte darum, dass sich die Essenz meines Seelenpartners in dieser Puppe verwirkliche.« Dann lasse diese Essenz in deine Puppe fließen.*
- *Nimm einen roten oder rosafarbenen Papier- oder Stofffetzen. Schneide ein Herz heraus und schreibe darauf: »Mein Seelenpartner liebt mich.« Stelle dir vor, dieses Herz wird von seiner Energie durchtränkt. Befestige es mit Kleber, Nadeln, Klebstreifen oder einem Band auf der Puppe.*
- *Mache ein zweites Herz und hefte es genau darüber. Dieses besagt: »Ich liebe meinen Seelenpartner.« Gib deine Energie in dieses Herz.*
- *Nimm ein Stück Papier oder Stoff. Schreibe die Eigenschaften deines Seelenpartners darauf. Du kannst für jede Eigenschaft ein neues Papier nehmen oder alle auf einem Blatt aufzählen. Beginne mit denjenigen, die du in jeder Beziehung verdienst, egal wer der Partner ist: Liebevoll, fürsorglich, unterstützend, intelligent, humorvoll und fröhlich. Vielleicht spürst du intuitiv auch einige andere Dinge in Bezug auf deinen Seelenpartner, wenn du seine Essenz herbeirufst, zum Beispiel seine Lieb-*

lingsfarbe. Lasse seine Energie diese Merkmale herüberschicken.

- *Hefte alle Eigenschaften irgendwie an deine Puppe. Sei kreativ. Bediene dich deiner Vorstellungskraft und spüre, was du und dein Seelenpartner gerne möchten. Hier einige Vorschläge:*
- *Hefte oder klebe die Eigenschaften an ein Band und schlinge dieses um die Puppe.*
- *Hefte oder klebe sie auf die Puppe und winde das Band darum.*
- *Schreibe sie mit dem magischen Markierer auf die Puppe selbst, wenn sie aus Tuch gefertigt wurde.*
- *Schreibe sie auf kleine Herzen und befestige sie an der Puppe, sodass sie völlig davon bedeckt ist.*
- *Nähe sie auf.*

Hilfsmittel zur Herstellung einer Liebespuppe

- *Bei diesem letzten Schritt sprich: »Ich fülle die Puppe mit unseren vereinten Schwingungen, sodass sie zu einem Magneten für uns beide wird. Wir haben nun eine wahre Verbindung.« Gleichzeitig stelle dir vor, dass du die Puppe mit deiner und der Energie deines Seelenpartners durchtränkst. Wiederhole diesen Satz so oft, bis du mit dem Anheften der kleinen Herzen vollständig fertig bist.*
- *Du hast einen auf der physischen Ebene greifbaren Gegenstand geschaffen. Sprich nun: »Ich gestalte die Beziehung zu meinem Seelenpartner so greifbar wie diese Puppe, und bald wird er/sie tatsächlich hier sein – solange diese Beziehung zu unserem höchsten Besten gereicht.«*
- *Lege die Puppe auf deinen Altar oder an einen Platz, an dem du sie sehen, berühren oder halten kannst. Jedes Mal bestätigst du damit die Verbindung zu deinem Seelenpartner.*
- *Wenn dieser schließlich in dein Leben tritt, kannst du die Puppe begraben oder verbrennen (und alle übrigen Talismane auch). Vielleicht haltet ihr beide eine Art Zeremonie ab, die euch daran erinnert, dass diese Gegenstände dabei halfen, euch zusammenzuführen.*

Beispiele für Liebespuppen

Die Collage deiner Beziehung

Wieder wirst du einen greifbaren Gegenstand schaffen, auf den du dich konzentrierst, diesmal aber einen zweidimensionalen. Deine Seelenpartner-Collage ist nicht nur ein interessantes Bild. Ihr Sinn besteht darin, den Gefühlszustand deiner zukünftigen Beziehung zu vermitteln. Welche Art von Beziehung möchtest du aufbauen? Was empfindest du bei der ganzen Sache? Solche Fragen wird deine Collage ansprechen.

Deine Beziehung beginnt mit der Form des Bildes. Die meisten Collagen bestehen aus einer Bilderzusammenstellung, die auf einen meist rechteckigen Untergrund aufgeklebt werden. Deine wird sich der werdenden Beziehung anpassen, was den gesamten Prozess formt und gestaltet und die zukünftige Verbindung definiert.

Welche Form soll es denn sein? Ein Herz? Ein Oval oder ein Ring? Ein Kreis oder ein Viereck? Oder eine Spirale? Eine Spirale besitzt die Dynamik der Bewegung. Ein Kreis und ein Viereck beschreiben Vollkommenheit; das eine ist dynamisch, das andere statisch. Einige Leute wählen das Symbol für die Unendlichkeit, die flach liegende Acht, die in diesem Fall angebracht ist, da dein Seelenpartner und du schon in unendlich vielen Leben auf der Erde wart. Oder aber du benutzt einfach das typische Rechteck.

Indem du diese Collage in einer bestimmten Form, die ihre eigenen Eigenschaften besitzt, anordnest, wirkt sie auch auf dich ein, besonders wenn sie Eigenschaften darstellt, die dir deiner Meinung nach fehlen. Dies ist ein sehr wesentlicher Punkt. Die Collage betont oder zieht gewisse positive Muster oder Gefühle an, die du dir selbst nicht zugestehst, was Verspannung oder ein unangenehmes Empfinden in dir hervorruft.

Nehmen wir zum Beispiel an, es hat Beziehungen in deinem Leben gegeben, in denen du misshandelt oder vernachlässigt worden bist oder die dich nicht erfüllt haben. Sie spiegelten deine alten Kindheitsmuster wider, die immer wieder in deinen Beziehungen aufgetaucht sind.

Deine Collage sollte diese Misshandlung oder Vernachlässigung aber nicht reflektieren, sondern eher deine Sehnsucht nach Liebe, Unterstützung und Freude zum Ausdruck bringen. Doch vielleicht fühlst du dich von solchen Gefühlen unangenehm berührt oder leidest sogar darunter oder glaubst, sie nicht zu verdienen. Das bedeutet, dass beim Anblick deiner Collage mit ihren liebevollen Bildern jene Muster, die dich dieser Liebe unwürdig fühlen lassen, ausgelöst werden.

Vielleicht vernimmst du Stimmen, die dir zuflüstern, dass du eine solche Liebe nicht verdienst. Oder du erhältst andere negative Botschaften, wie »Du bist nicht liebenswert«. Sobald du sie hörst, kannst du ihnen gegenübertreten und beginnen, sie zu entlarven (ein Glück!). (Siehe dazu Übung 4, die das Beseitigen solcher Muster eingehend behandelt.)

Je länger du deine Collage betrachtest und dich mit den immer wieder auftauchenden negativen Botschaften auseinandersetzt, desto eher vermagst du dich wirklich für die Freude und Liebe zu öffnen, die das Bild ausdrückt.

Hilfsmittel:
Verschiedene Zeitschriften; Kleber; irgendeine Unterlage, etwas Karton; farbiges Papier oder Tuch zum Aufkleben; Schere; schmückende Gegenstände, die du hinzufügen möchtest (Perlen, Federn und so fort).

Dauer: Höchstens 1 Stunde

- *Bevor du anfängst, trage alle Bestandteile deiner Collage zusammen, entweder eigene oder gekaufte. Billigwarenläden sind eine gute Quelle für die verschiedensten Zeitschriften. Das bedeutet, sie ein paar Stunden oder sogar Tage im Voraus zu sammeln.*
- *Suche dir einen Platz, an dem du ungestört an deiner Collage arbeiten kannst.*
- *Erde dich, reinige die Energie und hole deine eigene Energie zurück.*
- *Spiele belebende Musik. Diesmal nichts Sanftes, sondern eher etwas, das dir hilft, die Collage mit deiner Energie zu erfüllen.*
- *Rufe zur Unterstützung und Anleitung dein höheres Selbst oder einen Engel.*
- *Rufe die Essenz deines Seelenpartners (Übung 1).*
- *Wie sieht die Form aus, die der Beziehung mit deinem Seelenpartner entspricht, so wie du sie dir wünschst? Lasse deine Gedanken zur Ruhe kommen, damit du die Antwort vernimmst. Vielleicht bittest du dein höheres Selbst um Rat. Wenn du eine Antwort erhalten hast, schneide den Hintergrund zurecht. Aus diesem Grund eignet sich Karton wohl am besten. Vielleicht ziehst du Papier vor, denn wenn die Collage fertig ist, kannst du alles auf eine steife Unterlage kleben. Solltest du keine rechte Antwort auffangen, dann wähle eine Form,*

die dir gefällt oder die einen harmonischen Eindruck auf dich macht. Die Seelenpartner-Arbeit, besonders die Zusammenstellung einer Collage, sollte Freude bereiten.

- *Bitte deinen Seelenpartner, dir zur helfen, die richtigen Bilder auszusuchen. Denke daran, die Eigenschaften der Beziehung, wie sie dir vor Augen schwebt, mit einzuschließen. Welche Aspekte wünschst du dir in deiner Liebe? (Liebe, Freude, Berührung, Zuneigung, Respekt, Humor, Gleichheit.) Wie möchtest du diese in deiner Beziehung zum Ausdruck bringen?*
- *Fühle die Bilder, die du aussuchst. Wenn dort lachende Menschen abgebildet sind, schwinge dich auf deinen eigenen Humor und deine Freude im Zusammensein mit deinem Seelenpartner ein. Siehst du Menschen, die sich lieben, dann berühre das Liebeszentrum in dir und spüre die Liebe zwischen dir und deinem Seelenpartner schwingen oder führe sie dir vor Augen.*
- *Stelle deine Collage zusammen. Gestalte ein Bild von einer Beziehung, wie du sie dir mit deinem Seelenpartner erträumst.*
- *Wenn du spürst, dass dein Bild alles Notwendige enthält, dann höre auf. Schmücke deine Collage nicht zu sehr aus, selbst wenn du nur wenige Bilder oder Dinge dazu benutzt hast. Wichtig ist nur, dass es die richtigen sind.*
- *Hänge das fertige Bild an die Wand, und zwar an einen Platz (über oder in der Nähe deines Altars), an dem du es täglich betrachten kannst, damit es dich an die Beziehung erinnert, die du dir wünschst. Je häufiger du es anschaust, desto wahrscheinlicher wirst du die inneren Blockaden auflösen und dann deinen Seelenpartner zu dir heranziehen.*

Der Schutzschild

Der Schutzschild ist zwar wie die Collage zweidimensional, aber Brennpunkt und Erscheinungsbild unterscheiden sich. Wir haben es hier mit dem geistigen Bild der Verbindung zwischen dir und deinem Seelenpartner zu tun. In der Collage solltest du durch die Form des von dir geschaffenen Bildes die erwünschte Beziehung darstellen. Mit dem Schutzschild schwingst du dich auf die geistige Verbindung mit dir selbst, deinem Seelenpartner und den Energien ein, die dazu beitragen werden, die Beziehung zu verwirklichen.

Du willst sicherlich keinen Schild schaffen, der nur hübsch aussieht. Kunst ist nicht der Sinn der Sache. Seine Verwirklichung, seine geistige Manifestation ist gefragt. Dein Schild ist kein Bild. Es handelt sich dabei um eine symbolische Vision. Du durchtränkst einen Schild nicht mit Sehnsucht, sondern mit einem geistigen Segen, damit das, was du erschaffst, ausgewogen und richtig ist. Das heißt, anstelle von Bildern wirst du symbolische Gegenstände verwenden, die du gekauft oder gesammelt hast.

Jedes geistige Objekt besitzt (oder sollte besitzen) eine besondere spirituelle Resonanz. Gemeinsam steigern sie die Harmonie und den Zweck des Schildes. Diese Gegenstände werden weder zu einem Muster zusammengefügt, das ein hübsches Bild ergibt, noch wahllos verteilt; sie schaffen ein geistig vollkommenes Ganzes. Sie bilden nicht nur eine Gruppe von Bildern, die Liebe und andere Eigenschaften zum Ausdruck bringen. (Verwende diese bei deiner Collage.) Es gibt verschiedene Möglichkeiten, einen Schild zu bauen.

Falls du nach indianischer Art vorgehen willst, musst du singen und fasten und dich vorbereiten. Vielleicht wartest du auf eine Vision oder achtest auf deine Träume. Dann bittest du darum, die Symbole sehen zu dürfen, die auf deinem Schild sein sollen. Einen kreisförmig gebogenen Weidenzweig bindest du mit einem ungegerbten Lederstreifen zusammen und bespannst ihn mit Hirschhaut. Dann malst du deine Symbole darauf.

Heutzutage jedoch haben die meisten Leute weder Zeit, Energie noch das entsprechende Material für ein derartiges Unterfangen. Eine geistige Vorbereitung in Form von Meditation, Trauminterpretation, Visionen und Fasten besitzt durchaus ihren Stellenwert. Dies sind alles ausgezeichnete Vorbereitungsschritte. Aber im Gegensatz zu den Indianern, die sich zu diesem Zweck oft mehrere Tage in die Wildnis zurückzogen, wird dir eine Stunde der Meditation und inneren Reise genügen, die du ganz nach Gutdünken über mehrere Tage hin wiederholen kannst.

Ebenso wie bei der Collage solltest du auch jetzt nicht nach einem gedanklich vorgefassten Muster arbeiten. Lasse die Ideen von deinem höheren Selbst, deinem Unterbewussten und deinem Seelenpartner einfließen. Dann verwirkliche deine Vision oder dein Konzept in Form deines Schildes.

Du kannst modernes Material verwenden, das du in Handarbeitsgeschäften oder dergleichen findest. Es wird dir nicht schwer fallen, einen Schild zu bauen. Schneide einfach ein Stück Tuch von der richtigen Größe zurecht und spanne es in einen Stickrahmen.

Nimm Stofffarbe und bemale die Fläche mit Symbolen und schmücke sie nach Belieben mit Federn, Perlen, Bildern, winzigen Schmuckstücken, Glitzerwerk, Bändern – allem, was dir einfällt.

Erwarte nicht unbedingt, dass dein Schild hübsch aussieht. Das ist nicht das Ziel. Er soll ein Zeichen der Macht sein, der Kraft, deinen Seelenpartner zu manifestieren. Deine Symbole verfügen über ihre eigene, innewohnende Stärke. Im Zusammenspiel steigern sie die Kraft des Schildes. Es mag wenig anziehend oder schön aussehen, dafür aber hoffentlich sehr kraftvoll sein.

Je stärker dieses Gebilde mit den höchsten Ebenen deines Geistes in Einklang schwingt, desto mächtiger werden die von ihm ausgelösten Energien sein.

Wähle den richtigen Zeitpunkt für die Schaffung deines Schildes, eine bestimmte Zeit des Tages oder des Monats, die deiner Arbeit überirdische Kraft verleiht, also bei zunehmendem Mond (der Steigerung symbolisiert), nicht bei abnehmendem Mond (der das Loslassen darstellt). Letzteres hast du mit Sicherheit nicht im Sinn. Der Freitag ist ein guter Tag; er ist der Aphrodite/Venus (Liebe) geweiht, obwohl der Montag (Gefühl) auch annehmbar ist.

Welche Symbole möchtest du verwenden? Es liegt an dir. Jeder von uns bevorzugt gewisse Symbole, da sie ihm etwas bedeuten. Solltest du während der Meditation bestimmte Zeichen sehen, dann male sie auf deinen Schild.

Welche Symbole sind wirksam? Lauras Seelenpartner-Schild könnte man wohl folgendermaßen beschreiben: Er ist mit kleinen Herzen umrandet; eine Schleife bindet, wie sie erklärt, die beiden zusammen; die Szene überschauend der Engel der Liebe, den sie in den Hintergrund gemalt und mit

Glitzer besprenkelt hat. Dann fügte sie noch kleine Glitzerengel und Blitze hinein (um der Liebe Schwung zu verleihen) und ein breites Lächeln und Katzen (sie ist Katzenliebhaberin, was ihr Seelenpartner wohl auch besser wäre!)

Bettina stellte sieben verschiedene Schilde her, jeder eine Phase ihrer geistigen Reise mit ihrem Seelenpartner darstellend. Diese hängte sie in ihrem Schlafzimmer auf. Jeder Einzelne besaß bereits eine starke Ausstrahlung, zusammen aber waren sie geballte Macht. Es erübrigt sich wohl zu erwähnen, dass ihr Seelenpartner einfach erscheinen musste.

Adam befestigte mehrere Kristalle am äußeren Rand entlang. Als Hintergrund verwendete er ein Spitzendeckchen, das er ebenfalls mit Kristallen und anderen selbst gefertigten Gegenständen schmückte, wozu auch winzige Figuren gehörten, die ihn und seinen Seelenpartner darstellten.

Deine Vorstellungskraft, die Vorschläge deines höheren Selbst und die Essenz deines Seelenpartners bilden die Grenzen deines Schildes – solange die Symbolsprache die gesamte Vision verstärkt, die deinen Seelenpartner manifestiert.

Hilfsmittel:
Stickrahmen; ungemusterter Stoff, wie Musselin oder andersfarbenes Baumwollgewebe, wenn du darauf malen möchtest; Spitze und dergleichen, falls du diese Art innerlich geschaut hast; Stofffarbe; Glitzerstaub; Perlen; Federn; Samen; Bilder; verschiedene Symbole, die dir etwas bedeuten; Kopal, Salbei oder Süßgras zum Räuchern; Klebstoff; Klebeband; Bänder; Schere; Verschönerungsmaterial.

Dauer: 1 Stunde

- *Bevor du beginnst, trage alles zusammen. Vielleicht brauchst du einige Stunden oder Tage dazu. Bitte dein höheres Selbst, dich bei der Auswahl zu leiten, damit du nur das nimmst, was dem Schild die größte Kraft verleiht. Bitte auch die Essenz deines Seelenpartners, dass sie dir Bilder oder Empfindungen von denjenigen Dingen senden möge, die du in deinem Schild mit einbauen sollst. Vielleicht geben dir auch deine Träume Aufschluss über die Gestaltung.*
- *Bereite dich vor, indem du ein Bad nimmst und das Alte von dir abwäschst, um dich für das Neue zu öffnen.*
- *Brenne den Kopal, den Salbei oder das Süßgras ab und räuchere dein Umfeld aus. Sorge dafür, dass das Räucherwerk während des gesamten Prozesses brennt.*
- *Erde dich, reinige die Energie und hole deine eigene Energie wieder zurück. Lege Musik auf. In diesem Falle eignet sich wohl die Flöten- und Trommelmusik der Indianer.*
- *Beginne deine Meditation, die etwa fünfzehn Minuten dauern soll, mit der Ankündigung, dass du bereit bist, den Schild deines Seelenpartners anzufertigen, und bitte darum, Symbole sehen zu dürfen, die sich dafür am besten eignen.*

- *Rufe laut dein höheres Selbst an, einen Engel, den Vater-Mutter-Gott, dein Krafttier oder jedes höhere Wesen, mit dem du arbeitest, damit es komme und dir mit seiner Kraft und Weisheit zur Seite stehe. Bitte es, dir zu helfen, den Geist eurer Beziehung auf diesen Schild zu bannen.*
- *Rufe die Essenz deines Seelenpartners.*
- *Stelle den Schild her. Wenn du spürst, dass die Arbeit abgeschlossen ist, höre auf. Es spielt keine Rolle, wie sehr du ihn ausgeschmückt hast. Übertreibe es nicht. Wichtig ist nur, dass du die richtigen Objekte gewählt hast. Zu viele Kleinigkeiten verwässern die Wirkung.*
- *Wenn du deinen Schild fertiggestellt hast, hänge ihn an einen Platz (zum Beispiel im Umfeld deines Altars), an dem du ihn jeden Tag betrachten kannst und er dich an die Beziehung erinnert, die du dir wünschst. Je häufiger du dich in ihn vertiefst, desto eher wirst du deinen Seelenpartner heranziehen.*
- *Wenn du es für angebracht hältst, kannst du ihn ja zu einem späteren Zeitpunkt noch ein wenig mehr ausschmücken, besonders wenn du etwas findest, was einfach noch auf deinen Schild gehört.*

Der Talisman

Ein Talisman gehört ebenfalls zu den greifbaren Objekten, die du mit der Energie deines Seelenpartners durchdringen kannst. Bei dieser Übung werden wir das Ritual lernen, einen Seelenpartner-Talisman zu weihen. Zuerst musst du dir etwas aussuchen, das du gerne zum Talisman ernennen möchtest. Es kann ein einfacher Naturstein sein oder ein kleines Bild, ein Kristall, eine Figur, Schmuck – solange es sich nur um einen Gegenstand handelt, der eine spirituelle Bedeutung für dich besitzt. Er muss jedoch klein sein, da du ihn mit dir herumtragen wirst.

Wie suchst du einen Talisman aus? Meistens ist es etwas, das dich vom Gefühl her oder wegen seiner Schönheit anspricht. Eine innere Reaktion (in diesem Fall etwas wie Liebe oder Wohlwollen) vereinfacht die Suche. Dein Talisman sollte dem Zweck entsprechende Eigenschaften aufweisen. Wenn du beispielsweise einen Geldtalisman anfertigen willst, dann wirst du wahrscheinlich Münzen wählen.

Als Liebes-Talisman willst du natürlich etwas wählen, das Liebe bedeutet. Das könnten verschiedenartige Herzformen (zum Beispiel ein Kristallherz) sein, der irische Claddagh-Herzring, ein walisischer Liebeslöffel oder ein Liebesengel. Es gibt zahlreiche Möglichkeiten. Deiner Fantasie sind keine Grenzen gesetzt. Wähle aber einen unzerbrechlichen Gegenstand, denn ein zerbrochener Talisman soll Unglück bringen.

Zweitens sollte dein Talisman brandneu und nicht bereits für andere Zwecke verwendet worden sein (zum Beispiel ebenfalls als Glücksbringer). Du willst ihn nur zu diesem einen Zweck verwenden. Suche für deinen Seelenpartner etwas Einmaliges und Neues aus. Schließlich arbeitest du ja an einer neuen Beziehung, nicht an der Wiederaufbereitung eines alten Musters.

Wenn du einen Talisman ausgesucht hast, musst du ihn von allen alten Energien befreien, die noch daran haften, bevor du ihn mit deinen Energien und denen deines Seelenpartners durchdringen kannst. Das kann auf verschiedene Weise geschehen. Ich werde nur zwei von ihnen anführen, die aber beide sehr wirkungsvoll sind.

Spüle den Gegenstand in Meerwasser, um die alte Energie zu entfernen. (Solltest du nicht in der Nähe des Ozeans leben, nimm in Wasser aufgelöstes Meersalz.) Diese Methode eignet sich allerdings nur für feste Objekte, denn Papier oder Stoff könnten zerstört werden.

Eine einfachere und saubere Methode besteht darin, sich vorzustellen, wie goldenes Licht den Gegenstand erfüllt, indem es jede Zelle durchlichtet und alle alten Energien auflöst und sie in die Erde zur Wiederverwertung abfließen lässt. Wiederhole den Vorgang so lange, bis du dir sicher bist, dass der Gegenstand völlig rein ist.

Gleichgültig welche Methode du wählst, sobald du diesen vorbereitenden Schritt abgeschlossen hast, kannst du den Gegenstand mit den Energien deines Seelenpartners erfüllen.

Hilfsmittel:
Liebesrauchwerk; rotes oder rosa Papier; Talisman; Liebesöl; eine rosa Kerze; eine Tasse voll Salzwasser; ein Teller voll Erde; eine kleine rote oder rosa Stofftasche; rote oder goldene Bänder.

Dauer: 30-45 Minuten

- *Erde dich, reinige die Energie und hole deine eigene Energie zurück.*
- *Rufe dein höheres Selbst, einen Engel oder irgendein höheres Wesen, um dich bei dieser Weihe zu unterstützen.*
- *Rufe die Essenz deines Seelenpartners.*
- *Brenne das Liebesrauchwerk ab.*
- *Nimm ein Stück rotes oder rosa Papier und schreibe darauf: »Mein Seelenpartner ist meine wahre Liebe« (oder ähnliche Worte).*
- *Nimm deinen Talisman in die Hand und salbe ihn mit dem Liebesöl. (Sollte er aus einem Material bestehen, das leicht fleckt, wie Papier, salbe ihn an einer unauffälligen Stelle.)*
- *Sprich: »Die Liebe meines Seelenpartners ruht in diesem Talisman. Dieser Talisman ist ein Leuchtturm, der meinen Seelenpartner zu mir bringt durch - nenne das Element - Luft, Feuer, Wasser, Erde.« Erschaue mit deinen inneren Augen die Energie deines Seelenpartners in diesen Gegenstand strömen.*
- *Sprich: »Ich durchtränke diesen Talisman mit meiner Energie« und stelle dir vor, wie es geschieht.*
- *Sprich: »Möge mein Seelenpartner zu mir kommen.«*
- *Wiederhole die letzten drei Schritte, während du den Talisman mit den vier Elementen weihst:*
- *Luft (Rauchwerk)*

- *Feuer (Kerze – beeile dich dabei)*
- *Wasser (tupfe etwas an eine Stelle, auf der keine Flecken entstehen)*
- *Erde (streiche etwas Erde an eine Stelle, die nicht verdirbt)*
- *Konzentriere dich auf die Energie deines Seelenpartners, die durch den Talisman vibriert.*
- *Nachdem du ihn geweiht hast, halte ihn einfach in der Hand und stelle dir vor, wie eure Energien den Talisman gemeinsam durchströmen.*
- *Wickele den Talisman in das Stück Papier, stecke ihn in die kleine Tasche und binde sie gut zu. Vergewissere dich, dass das Band fest zusammengeschnürt ist.*
- *Du kannst den Talisman auf deinen Altar legen oder bei dir tragen. Einige Leute behaupten, es sei das Beste, ihn immer mit sich zu führen. Mir persönlich genügt es, wenn er auf dem Altar liegt.*

Eine blühende Pflanze

Einen Baum oder ein Gewächs zu pflanzen, versinnbildlicht sehr machtvoll die innere Verpflichtung. Es nährt die Verbindung zwischen euch beiden und bringt sie zum Ausdruck. Nehmen wir zum Beispiel an, du kaufst dir einen Rosenstrauch und setzt ihn in die Erde. Du gibst ihm Wasser, entfernst das Unkraut, sprichst mit ihm, schenkst ihm deine Liebe, und er wächst und gedeiht. Er setzt Knospen an und erblüht. Wenn du diese Rose als Symbol für deine zukünftige Beziehung gewählt hast, bildet dieser ganz natürliche Wachstumsvorgang ein mystisches Band zwischen dir und deinem Seelenpartner.

Einige Leute bevorzugen einen Baum. Ich persönlich denke, ihr solltet gemeinsam einen Baum als Zeichen eurer Liebe pflanzen, sobald dein Seelenpartner zu dir gefunden hat. Das lässt sich allerdings nur verwirklichen, wenn im Garten der entsprechende Raum zur Verfügung steht.

Solltest du jedoch in einem Apartment wohnen, muss eine Topfpflanze genügen. Du kannst sie auf deinen Altar stellen oder an einen Ort, an dem du die Gegenstände deines Seelenpartners aufbewahrst.

Für diese Übung rate ich dir, eine blühende Pflanze anzuschaffen. Nimm keine Kletter- oder sonstige Grünpflanze. Eine blühende Pflanze symbolisiert den Werdegang deiner Beziehung. Gehe beim Kauf der Pflanze nach deinem Gefühl. Ich selbst, wie viele andere Leute auch, bevorzuge Rosen zu diesem Zweck. Sie sind sehr beliebt, da sie die Liebe versinnbildlichen. Die richtigen Blumen sagen dir etwas. Wenn du sie betrachtest, füllt sich dein Herz mit Freude. Für mich sind es die Freesien.

Alleine das Aussuchen einer Pflanze sollte dir schon etwas bedeuten. Wenn das nicht der Fall ist, wo liegt dann der Sinn? Vielleicht denkst du: »Ach, ich hole mir einfach irgendeine alte Pflanze.« Nein, nein! Blumen kommen in so mannigfachen Farben vor; wähle die mit der für dich richtigen Schwingung.

Es wäre schön, wenn die Pflanze in der Zeit, in der du dich auf die Entwicklung konzentrierst, blühte oder zumindest Knospen ansetzte. Ebenso wie sie wächst und blüht, wird es auch mit deiner Beziehung geschehen.

Was aber, wenn die Pflanze stirbt? Ist deine Liebe dann beendet? Wollen wir doch ehrlich sein, egal wie sehr sie sich auch mühen, einigen Leuten gelingt es nie, eine Pflanze zum Gedeihen zu bringen. Es liegt nicht daran, dass deine Seelenpartner-Verbindung und deine Lebenskraft nicht stark genug wären, einer Pflanze zum Wachsen zu verhelfen. Pflanzen und du, ihr vertragt euch eben einfach nicht.

Solltest du einen schwarzen Daumen besitzen, übergehe diese Übung. Du möchtest sicherlich nicht das Gefühl bekommen, alles verdorben zu haben (was du natürlich nicht getan hast, aber du magst es so empfinden).

Nehmen wir an, die Pflanze steht nur da und nichts geschieht. Sie mag ein echtes Problem haben. Vielleicht gefällt ihr die Sonne nicht oder der Schatten, die Atmosphäre oder deine Wohnung. Sprich mit ihr. Finde heraus, was sie möchte. (Ja, du kannst intuitiv erfassen, ob eine Pflanze glücklich ist, sogar was sie braucht.) Ich weiß das aus der Erfahrung.

Meine Pflanzen standen nur da, ohne zu sterben und ohne zu wachsen. Schließlich meditierte ich darüber, was sie wohl wollten und erkannte, dass es sie nach Aufmerksamkeit verlangte. Da begann ich, mit ihnen zu reden und ihnen zu erklären, wie gerne ich sie hatte. Sie reagierten sehr positiv darauf.

Diese Übung teilt sich in zwei Abschnitte auf.

Teil I

Hilfsmittel:

Pflanze; Erde oder sauberer Mischdünger; Quellwasser; Konfetti (Herzen, Engel, Tupfen und so fort); Körner (Mais, Reis); Patchuli, Jasmin oder Liebesräucherwerk.

Dauer: 30 Minuten

- *Erde dich, reinige die Energie und hole deine eigene Energie zurück.*
- *Spiele Musik, die du gerne hörst und die dir hilft, deine Energie in die Pflanze zu legen.*
- *Bitte dein höheres Selbst oder einen Engel um Anweisung und Führung.*
- *Rufe die Essenz deines Seelenpartners.*
- *Halte die Pflanze in deinen Händen und rufe die Seelenpartner-Essenz herbei. Stelle dir dann vor, dass auch er seine Hände um die Pflanze legt, sodass ihr sie beide haltet.*
- *Bitte dein höheres Selbst, die Engel oder deinen Schutzengel, die Hände um die euren zu legen und die Pflanze zu segnen. Auch wenn du nichts spüren solltest, gehe trotzdem in dieser*

Weise vor. Vorauszusetzen, dass etwas geschieht, ist ebenso wichtig wie der Moment des Geschehens. Öffne dich für den Vorgang. Je enger du mit der Pflanze verbunden bist, desto mehr Energie kannst du in sie hineinlegen. Wenn die Pflanze sie aufnimmt, fühlt sie sich geliebt und umhegt.

- *Streue ein wenig von der Erde um die Pflanze und sprich: »Diese Krume versinnbildlicht die Kraft, Festigkeit und Langlebigkeit der bleibenden Erde. Sie steht für die Stärke und Dauerhaftigkeit unserer Liebe.« Vermeide Worte wie »Ewigkeit« oder »für immer«, da sie zurückkehren und dich beißen können.*
- *Nimm das Quellwasser (kein Leitungswasser). Es soll auch keine Kohlensäure enthalten. Gieße die Pflanze damit und sprich dabei: »Dieses Wasser nährt die Pflanze, wie unsere Liebe uns nährt.«*
- *Nimm nun das Konfetti und streue es um den Topf mit den Worten: »Mein Seelenpartner und ich legen diese Herzen etc. in den Erdboden, als Zeichen unserer wachsenden und blühenden Liebe.«*
- *Nimm die Körner, wirf sie in die Erde und sprich dabei: »Sie sind ein Symbol unserer wachsenden, knospenden und blühenden Liebe.«*
- *Räuchere die Pflanze mit dem Weihrauch.*
- *Stelle deine Pflanze nach Beendigung dieser kleinen Zeremonie auf deinen Altar oder an einen Platz, an dem sie sich besonders glücklich fühlt (Sonne, Schatten).*

Teil II

- *Sprich mit der Pflanze jeden Tag ausführlich.*
- *Rufe die Energie deines Seelenpartners heran, damit ihr beide gemeinsam mit der Pflanze sprechen könnt. Wenn du mit ihr sprichst, wendest du dich durch sie an deinen Seelenpartner. »Mein Seelenpartner, ich spreche mit dir. Diese Pflanze wächst, blüht und entwickelt sich und bringt dadurch die Liebe und Verbindung zwischen uns zum Ausdruck.«*
- *Die Pflanze beginnt inzwischen tatsächlich zu wachsen und zu blühen. Eine Pflanze will wirklich und wahrhaftig geliebt werden. Sie möchte umhegt sein und deine Aufmerksamkeit spüren. Mit ihr zu sprechen, tut ihr gut.*
- *Nach einem Monat kannst du sie, wenn möglich, draußen einpflanzen oder sie an ihrem Lieblingsplatz stehen lassen.*

Übung 18

Einen Ruf durch ein Gewebe aussenden

In eine Anrufung legst du deine Gedanken, deine Absicht und deinen Willen hinein, das zu verwirklichen, wessen du bedarfst. Es ist ein schamanischer Vorgang, bei dem indianische Motive und Symbole verwendet werden. Er setzt sich aus drei Schritten zusammen – Material sammeln, den Gegenstand umweben und ihn in die Erde geben.

Das Wesentliche bei diesem Vorgang ist die Konzentration. Je stärker du dich bei deiner Webarbeit auf deinen Seelenpartner und den Wunsch, ihm zu begegnen, konzentrieren kannst, desto besser wird es sein.

Ich lernte diese Übung vor vielen Jahren in einem Seminar über Schamanismus. Gleich das erste Mal hatte ich ungeheuren Erfolg, denn mein Ruf manifestierte sich bereits fünf Tage später.

Im Gegensatz zu einigen deiner übrigen Schöpfungen kann man in diesem Fall nicht von großer Kunst reden. In dieses eher primitive Geflecht webst du alles hinein, was du für richtig hältst. Es soll nicht der Dekoration dienen, sondern der Verwirklichung, das verleiht ihr Macht. Jedes einzelne Stück darin enthält deine Energie und bedeutet nur dir allein etwas. Deshalb ist deine volle Konzentration unbedingt notwendig.

Teil I

- *Beginne schon einige Tage vorher, die Materialien zu sammeln. Zu diesem Zweck wanderst du am besten etwa eine Stunde lang entspannt in der Natur, meditierst und öffnest dich für deine Umwelt.*
- *Sammle unterwegs alle natürlichen Gegenstände, die dich ansprechen, die nicht verderben und die du in dein Gebilde hineinweben kannst. Dazu gehören kleine Zweige, Blätter, Tannenzapfen, Knospen, Früchte, Federn und dergleichen. Nimm keine Blumen, denn sie verwelken, es sei denn, du kannst sie trocknen. Sammle jeden Tag mindestens ein oder zwei Dinge.*
- *Suche auch nach einem Stock oder einem Zweig, den du als Rahmen für deine Webarbeit verwendest. Er sollte etwas Persönliches, etwas Lebendiges ausstrahlen.*
- *Verstaue alles an einem sicheren Ort, am besten in der Nähe deines Altars, bis du soweit bist.*

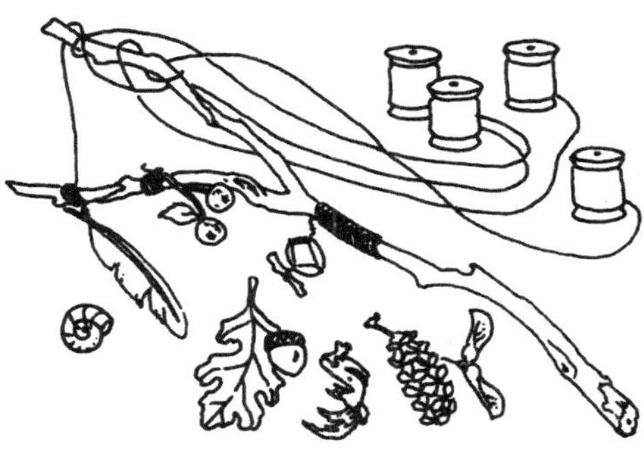

Ein Gewebe im Werden

Teil II

- *Nach fünf oder sechs Tagen ist es an der Zeit anzufangen, dein Gebilde zu weben. Als ich mein Gewebe anfertigte, meditierte ich etwa zehn Minuten und ließ das Bild sich gestalten, bevor ich es auf meinen Zweig webte.*
- *Sobald du dein Bild abgeschlossen hast, schlage es dir aus dem Kopf. Vergiss es. Sollte es dir wieder einfallen, schiebe es beiseite. Je mehr du dich damit beschäftigst, desto stärker klammerst du dich daran, anstatt es wirken zu lassen. Es ist so, als ob du dich an deinen Geliebten klammertest, der dann nicht zur Arbeit gehen kann.*

Hilfsmittel:

Kopal, Salbei, Süßgras (verwende indianisches Räucherwerk, nicht indisches oder Weihrauch); farbiges Garn oder rote, gelbe, grüne, blaue, weiße und schwarze Fäden (diese sind die indianischen Symbole für die vier Himmelsrichtungen, Erde und Himmel); die Gegenstände aus der Natur, die du auf deinen Spaziergängen gesammelt hast. Vielleicht möchtest du noch einige Perlen, Federn, Klunker, buntes Papier oder andere symbolische Dinge hinzufügen. Lege das Schwergewicht aber auf die gefundenen Sachen.

Dauer: 1 Stunde

- *Breite deine Sammlung auf dem Fußboden oder einem Tisch aus. Vergewissere dich, dass du ungestört bleibst.*
- *Erde dich, reinige die Energie und hole deine eigene Energie zurück.*

- *Lege indianische Flötenmusik auf, keine Trommelklänge, da sie eine andere Art von Energie hervorrufen, als du sie in diesem Falle wünschst.*
- *Lasse während des gesamten Vorgangs Räucherstäbchen brennen oder Kopal, ein Harz, das auf Kohle abbrennt.*
- *Bitte dein höheres Selbst um Weisheit und Führung.*
- *Rufe die Essenz deines Seelenpartners.*
- *Schließe die Augen und bitte dein höheres Selbst, dir zu helfen, deinen Seelenpartner anzuziehen (falls es zu deinem höchsten Besten gereicht). Akzeptiere, dass es von nun an die Verantwortung für den Vorgang übernimmt und deine Hand führt. Entspanne deinen Geist, damit du dich auf das Gewebe einstimmst, das du fertigen willst, das seinerseits deinen Ruf erschafft. Vielleicht wird dir ein Bild übermittelt, vielleicht auch nicht.*
- *Gestalte dein Gewebe auf dem Zweig. Denke daran, ein Ende freizulassen, da es in den Boden gesetzt wird. Halte dich nicht an ein bestimmtes Gebilde oder ein vorgefasstes Muster, das du schaffen möchtest. Es kann passieren, dass du die Dinge dann am Zweig befestigst, anstatt förmlich etwas zu »weben«.*
- *Während du dein Gewebe gestaltest, stelle dir die Essenz deines Seelenpartners neben dir vor – wer und wie er ist, auf welche Weise er mit dir verbunden ist. Webe die Energie deines Seelenpartners und auch deine eigene in dieses Muster. Vielleicht sprichst du bei der Arbeit sogar mit deinem Seelenpartner (laut oder wortlos). Du kannst beobachten, wie dein Werk Gestalt annimmt.*
- *Wenn du glaubst, fertig zu sein, gleichgültig wie viel du geschaffen hast, höre auf. Vielleicht hast du nicht alle Gegenstände verbraucht. Das macht nichts. Wichtig ist nur, dass es sich richtig anfühlt.*

Teil III

Nun pflanzt du deinen Zweig in die Erde, damit sich die Erdgeister auf den Ruf konzentrieren können. Gib dem fertigen Gebilde einen Tag, alle Energie aufzusaugen. Dann kannst du es irgendwo draußen in der Natur einpflanzen, möglichst an einem ungestörten Ort (der sich immer schwieriger finden lässt). Obwohl praktisch, so eignet sich der Garten nicht sehr gut dafür, da Kinder, neugierige Freunde oder Tiere das Gewebe ausgraben könnten.

Vielleicht musst du ein wenig herumfahren, um den richtigen Platz zu finden. Als ich den geeigneten Ort aufgestöbert und mein Gebilde in die Erde gegraben hatte, schien diese es förmlich aufzusaugen. Ich fühlte die dahinter stehende Kraft; es war überwältigend. Ebenso war es auch mit der Geschwindigkeit, mit der mein Ruf Wirklichkeit wurde.

Hilfsmittel:

Gewebe; Schokoladensplitter; Pfennige.

- *Finde den idealen Platz für dein Gewebe.*
- *Stoße es in den Erdboden, damit es gut fest sitzt.*
- *Verstreue und begrabe einige Schokoladensplitter und Pfennige in der Umgebung. Es sind Geschenke für die ortsansässigen Devas und Erdgeister. Du bittest sie um Hilfe, daher gehört es sich, ihnen ein Geschenk zu machen.*
- *Verlasse den Ort und denke nicht mehr daran, damit es wirken kann.*

Körperliche Liebe

Kein Übungsbuch zur Anziehung des Seelenpartners wäre vollständig, ohne die intimste und ekstatischste Verbindung zwischen euch heraufzubeschwören – die körperliche Liebe. Du gestattest deinem Körper zu erfahren, was es bedeutet, wenn dein Seelenpartner dich im Kern deines Verlangens berührt. Jede Beziehung, an der nicht dein ganzes Selbst teilhat, erfüllt dich letztlich nicht. Die Liebe muss auf jeder Ebene umarmt werden.

Wenn du mit deinem Seelenpartner schläfst, dann geschieht das auf physischer wie auf geistiger Ebene. Wir wollen mit dieser Reise in deine innere Welt beginnen.

Schließe einfach die Augen und stelle dir vor, deinem Seelenpartner an einem besonderen Ort zu begegnen. Vielleicht habt ihr euch schon einmal dort getroffen, vielleicht befindest du dich aber auch in einer anderen Gegend mit einer intimen Atmosphäre – in einem Garten, einer abgeschlossenen Laube, in deinem Schlafzimmer oder einem anderen Schlafraum. Dort könnt ihr beide in eurer vereinten emotionalen, physischen und geistigen Herrlichkeit zusammen sein.

Da sich alles in deiner Vorstellung abspielt, wirst nur du allein es kritisch prüfen und auch die Grenzen setzen. Du kannst dich austoben und deiner Fantasie freien Lauf lassen oder so schlicht und rein sein, wie du dich fühlst. Genieße es. Gedanklich eine Liebesszene zwischen euch beiden zu gestalten, kann eine wunderbare und berauschende Erfahrung sein; und Tagträume sind sicherlich angenehm. Aber die Wirkung und Durchschlagskraft wird greifbarer, wenn du eine physische Dimension hinzufügst, wenn dein Körper erleben kann, was dein Geist sich vorstellt. Das bedeutet, physische Freude zu erleben.

Wenn du die Essenz deines Seelenpartners herbeirufst und dich vergnügst, wirst du die erotische Intensität auf allen Ebenen und in allen Zellen deines Körpers spüren. Das fügt deiner eigenen sexuellen Freude eine unglaublich emotionale Note hinzu und steigert deine persönliche Verzückung.

Es handelt sich nicht nur um eine vollkommen erfreuliche Fantasie, sondern dient auch als eine Art Vorbereitung. Denn wenn ihr schließlich zusammentrefft, werdet ihr bereits diesen Rhythmus der Intimität zwischen euch geschaffen haben. Und glaube mir, eure Körper werden sich gegenseitig erkennen!

Wir wollen diesen Vorgang einen Schritt weiter, zu deiner Beziehung in der äußeren Welt führen. Diese innere Vereinigung ruft eine sinnliche Reaktion auf äußerer Ebene hervor. Leute, die sich des Öfteren mit der Essenz ihres Seelenpartners vereinigt haben, berichten, dass sie sich als Person begehrenswerter fühlen. Und das heißt, sie verhalten sich anders. Sie spüren, dass sie es wert sind, geliebt zu werden.

Die körperliche Liebe mit deinem Partner wird intensiver und erotischer. (Es wird ja nicht von dir verlangt, dass du enthaltsam lebst, während du wartest.) Dies liegt daran, dass du dich nicht nur der Person hingibst, mit der du zusammen bist; auf ätherischer und geistiger Ebene vereinigst du dich auch mit jener Person, mit der du dich (noch) nicht vereinigst. Ihre Energie verschmilzt tatsächlich mit der deinigen.

Jede vertraute Zweisamkeit mit einem physischen Partner wird auch von deinem Seelenpartner empfunden, da sich dein Körper an die Freuden erinnert, die er erlebte, als du die Übung durchführtest.

Sex erzeugt machtvolle Kundalini-Energie; sie steigt empor, je stärker du dich auf deinen Partner einlässt. Deinen Seelenpartner mit einzubeziehen, steigert deine Erfahrung und festigt das Band zwischen euch. Auf diese Weise kannst du ihm auf einer physischen und höchst innigen Ebene begegnen. Schließe die Augen und bilde dir ein, es sei dein Seelenpartner, der dich streichelt, liebkost, küsst und dich befriedigt.

Über den Sex wird spirituelle Vereinigung erreicht. Alles in dir singt. Dein Liebesspiel wird ungeheuer kraftvoll. Du erlebst den gesamten sexuellen Akt auf physischer, emotionaler und geistiger Ebene.

Doch zuvor möchte ich eine wichtige Warnung aussprechen. Warum das Ganze, wenn du dich in einer Beziehung oder Ehe verpflichtet hast? Diese Art von Seelenpartner-Arbeit könnte deine augenblickliche Beziehung sprengen. Ich möchte nicht für ein Auseinanderbrechen deiner Ehe verantwortlich sein. Auch die Zerstörung deiner gegenwärtigen Beziehung befürworte ich nicht, nur um deinem Seelenpartner zu begegnen.

Du musst dich fragen: Was fehlt in meiner jetzigen Beziehung, dass ich mich woanders umschaue? Was geschieht, wenn ich diese Übungen gewissenhaft durchführe und mein Seelenpartner tatsächlich auftaucht? Was dann? Zur gegebenen Zeit musst du diese Bedenken betrachten und angehen, am besten bevor etwas passiert.

Hast du dich wirklich in deiner jetzigen Beziehung festgelegt? Oder genügt es dir, eine Verbindung zu der Energie deines Seelenpartners aufzunehmen, sonst nichts? Ich kenne einige Leute, die genau diese Entscheidung getroffen haben. Sie haben festgestellt, dass ihr sexuelles Leben mit ihrem gegenwärtigen Partner dadurch sehr viel intensiver geworden ist. Und sie beabsichtigen nicht, weiter zu gehen. Sie sind zufrieden – und ihr Seelenpartner, so sehr sie ihn auch kennenlernen möchten, würde die Situation nur komplizierter gestalten (besonders wenn Kinder da sind).

Es ist eine Frage deines Gewissens und deiner höheren Weisheit. Abgesehen von diesem Vorbehalt, kann dieser Prozess einen ungeheuren erotischen Magnetismus in einer bedeutungslosen Beziehung hervorbringen.

Ich habe bereits erwähnt, dass du deinen Seelenpartner in deine Träume rufen kannst. Nachdem du diese Übung sexueller Vereinigung durchgeführt hast, bitte deinen Seelenpartner, sich mit dir auf astraler Ebene, im Traumland, zu vereinigen. Das ist eine aufregende Erfahrung.

Bei der folgenden Übung lege ich das Schwergewicht auf deine gedankliche Fantasie, nicht auf deine körperliche; die kannst du alleine herausfinden.

Hilfsmittel:
Alles, was dir Freude bereitet: Liebesöl, Liebesräucherwerk, ein Vibrator, entsprechende Zeitschriften oder Videos (die Liste ist endlos), Kissen, romantische oder erregende Musik

Dauer: So lange du möchtest.

➲ *Erde dich. Reinige die Energie und hole deine eigene Energie zu dir zurück.*

- *Bringe dich mittels Musik, Kerzenlicht oder einem Duftbad in eine romantische Stimmung. Suche dir den dir angenehmsten Platz aus (die physische Umgebung unterstützt deine Lust).*
- *Schließe die Augen und sieh dich in einen Bereich gehen, der sich gut anfühlt – ein Schlafzimmer oder draußen in der Natur.*
- *Lade die Essenz deines Seelenpartners ein, sich zu dir zu gesellen. Sieh ihn über das Feld auf dich zukommen oder die Dünen entlang oder durch die Tür. Breite deine Arme aus, um ihn willkommen zu heißen. (Du kannst deine Arme wirklich in dieser Geste bewegen.)*
- *Begrüßt euch so leidenschaftlich, wie du es dir wünschst. Fühle, wie sich eure Energien gegenseitig umhüllen und ihr ineinander verschmelzt.*
- *Haltet, berührt, küsst und liebkost euch. Lasse deine Hände über deinen Körper gleiten und alle deine erotischen Zonen berühren und stelle dir dabei vor, es seien die Hände deines Seelenpartners. Vielleicht umarmst und streichelst du das Kissen (es gibt dir das Gefühl, den Körper deines Seelenpartners zu halten).*
- *Wenn du dein gedankliches Erlebnis auf physischer Ebene austragen möchtest, lasse dich nicht daran hindern. Deine Vorstellungskraft und dein Verlangen setzen die Grenzen deiner Lust.*
- *Danke am Ende deinem Seelenpartner für seine liebevolle, sinnliche Anteilnahme.*
- *Bitte ihn, dich in deinen Träumen aufzusuchen und sich mit dir auf der Astralebene zu vereinigen. Am Anfang wirst du dich an diese Begegnungen vielleicht nicht mehr erinnern. Doch wenn es dein letzter Gedanke vor dem Einschlafen wird – euer Zusammentreffen im Traum, an das du dich erinnern möchtest –, wird es wahrscheinlich häufiger geschehen.*

Übung 20

Eine Göttin um Hilfe anrufen

Du hast deine Engel um Hilfe gebeten. Nun ist es an der Zeit, ein anderes göttliches Wesen zu rufen – eine Göttin. Ja, solche Wesen gibt es. Wenn du eine Göttin (oder einen Gott) anrufst, greifst du auf die alten Göttergestalten zurück. Obwohl sie nicht mehr allgemein verehrt werden, verfügen diese göttlichen Wesenheiten dennoch über ihre Macht, und wir dürfen sie auch heute noch anrufen.

In unserem westlichen Kulturbereich sind die meisten unter uns daran gewöhnt, sich der Mutter Maria, Jesus Christus oder den Heiligen (wenn du katholisch bist) zuzuwenden, damit sie uns gewähren, was wir erflehen. Gewöhnlich helfen sie in jeglichen Situationen (obgleich es spezielle Heilige für bestimmte Fälle gibt). Dies sind die neuzeitlichen Götter.

Wenn du eine Göttin oder einen Gott anrufst, erflehst du ihre Gegenwart, damit sie dein Gebet vernehmen und in irgendeiner Form eingreifen, um die gewünschten Ergebnisse in deinem Leben herbeizuführen. Du kannst ihnen die Verantwortung übergeben, die Dinge zu verwirklichen, indem du sie die Einzelheiten ausarbeiten lässt. Alles, was du dazu beitragen musst, ist, weiterhin zu beten und zu flehen, bis es geschieht.

Bevor du diese göttlichen Wesen anrufst, solltest du dir überlegen, welche Göttin oder welchen Gott du um Hilfe bitten willst. Sachkundige Bücher geben ausführliche Angaben über die Aspekte und Eigenschaften der einzelnen Gottheiten. Da du in deinem Falle den Seelenpartner anzuziehen gedenkst, wäre es angebracht, dich an eine Liebesgöttin zu wenden. Du kannst den Bereich auch erweitern und Fruchtbarkeit, weibliche Kraft und Stärke mit einbeziehen. Wähle eine Göttin, deren Eigenschaften dich darin unterstützen, die Beziehung zu deinem Seelenpartner zu verwirklichen. Liebesgöttinnen gibt es in allen Kulturen. Einige sind leidenschaftlich und wild; andere besitzen eher stille, mitfühlende Eigenschaften. Alle aber haben sie sich der Liebe und den Liebenden verpflichtet und vermögen ihre Kräfte einzusetzen, um dir beizustehen, deinen Seelenpartner herbeizuziehen. Die Liebesgöttin Aphrodite (Venus) ist uns sehr geläufig. Ihr Sohn Amor (Eros), der Gott der Liebe, steht weit unter der mächtigen Göttin. Aphrodite ist bekannt für ihre aktives und launisches Liebesleben sowie ihre leidenschaftlichen, doch nicht immer weisen Liebesbeziehungen, die völlig in sexueller Leidenschaftlichkeit aufgehen.

Diese launenhafte Göttin kannst du bitten, dir beizustehen, einen Geliebten heranzurufen. Doch mit ihrer Hilfe magst du nicht unbedingt den richtigen erwischen. Mit Sicherheit wird sie ein Liebesverhältnis für dich schaffen, aber es muss nicht dein Seelenpartner sein. Man weiß, dass Amors Pfeile nicht immer ins Schwarze treffen. Willst du eine solche Hilfe erflehen?

Liebesgöttinnen reagieren gewöhnlich auf deine Gebete, deine wahre Liebe Gestalt annehmen zu lassen. Es ist ihre größte Freude, dem Leben der Menschen Liebe zu bringen. Wenn du sie anrufst, musst du aber genau erklären, wonach du Ausschau hältst. Ansonsten werden sie dir das präsentieren, was sie gerade finden.

Wie steht es um die Götter? Liebesgötter sind selten oder werden unter den Liebesgöttinnen zusammengefasst. Götter werden gewöhnlich wegen ihrer Weisheit, Kraft und kriegerischen Fähigkeiten gepriesen, wohingegen die Liebe in den Bereich der Göttinnen fällt. Im Grunde genommen spielt das Geschlecht keine Rolle. Wichtig ist nur, dass dein Gebet erhört und beantwortet wird.

Vielleicht beschließt du, beide, eine Göttin und einen Gott, anzurufen. Sie sollten aber möglichst aus demselben Kulturkreis stammen. Ich persönlich glaube, es ist das Beste, sich nur auf eine einzige Göttin zu stützen. Zersplittere nicht deine Energie.

Einige der bekanntesten Liebesgöttinnen sind:

- Aphrodite (griechisch), Venus (römisch)
- Freya (altnordisch) – Schönheit, Liebe
- Hathor (ägyptisch) – Liebe, Schönheit
- Ishtar (sumerisch), Inanna (babylonisch) – Liebesgöttinnen
- Isis (ägyptisch) – Weisheit, Liebe, Stärke, Kraft
- Kuan-Yin (chinesisch) – Mitgefühl, Anmut, Erbarmen
- Lakshmi (indisch) – Lust, Schönheit, Reichtum
- Oshun (afrikanisch) – Liebe, Fruchtbarkeit

Informiere dich in einem Mythologiebuch oder im Internet über diese Gottheiten, um ein Gespür dafür zu bekommen, welche für dich die richtige sein könnte. Nutze deine Intuition bei der Entscheidung.

Wenn du deine Wahl getroffen hast, besorge dir eine Abbildung, was für die Anrufung deiner Göttin von Bedeutung ist. Du kopierst das Bild entweder aus einem Buch oder holst es dir aus dem Internet. Inzwischen gibt es darin zahlreiche bebilderte Informationen über diese uralten Wesenheiten.

Wenn du eine Statue oder irgendeine dreidimensionale Abbildung vorziehst, kannst du sie wahrscheinlich in einem Esoterikladen finden. Es gibt heute ein zunehmend umfangreiches Angebot an Heiligenfiguren.

Wenn du deine Göttin ausgesucht und dir eine Abbildung von ihr beschafft hast, kannst du dich auf deine Invokation vorbereiten. Dieses Ritual soll möglichst stark sein. Lege nicht nur deine Absicht hinein, sondern bediene dich auch der kosmischen Energien.

- *Führe das Ritual an einem Freitag durch. Dieser Tag wird der Aphrodite/Venus zugeordnet, der Göttin der Liebe. Denn es geht ja darum, deinen speziellen Geliebten zu finden.*
- *Die beste Zeit für das Ritual liegt in der ersten Stunde des Tages oder der Nacht, das heißt in der Morgen- oder Abenddämmerung. Diese »Tageswende« besitzt die größte Kraft. In der Zeitung kannst du die genaue Uhrzeit nachlesen.*
- *Führe dein Ritual während des zunehmenden Mondes aus. Die zunehmende Mondphase dient der Anziehung, die abnehmende des Loslassens. Du aber möchtest die Liebe zu dir holen, sie nicht fortschicken. Um sicher zu gehen, besorge dir einen Mondkalender, in dem du alle Phasen nachschlagen kannst.*

Sorge dafür, dass dein Seelenpartner bei dem Ritual zugegen ist. Die Göttin weiß dann, nach welchen Energien sie Ausschau halten soll. Nachdem du dich so angestrengt hast, möchtest du doch nicht, dass sie einen Fehler macht und dir jemanden schickt, der nicht dein Seelenpartner ist!

Wenn du die Göttin anrufst und um ihre Hilfe bittest, übergibst du ihr deinen Wunsch zur Verwirklichung. Ersuche sie deshalb um ein bestimmtes Zeichen, mit dem sie dir bestätigt, dass sie dein Flehen erhört hat.

Gelegentlich wirst du bereits spüren, wie sie sich bemerkbar machen wird. Blumen (Rosen) oder eine bestimmte Botschaft sind nicht selten. Oft wirst du sie aber nicht von Freunden, sondern von Fremden erhalten, die deinen Lebensweg kreuzen, gerade lange genug, um dir diese Antwort zu übergeben. Selbst wenn du an einem Zeichen zweifeln solltest, bitte dennoch darum. Diese Bitten werden oft in der seltsamsten Weise erfüllt.

Fabienne erflehte den Segen von Kuan-Yin und bat um eine Rose. Am folgenden Tag erhielt sie ein mit Rosen übersätes Bild. Sie nahm es als Zeichen ihrer erhörten Gebete, was auch tatsächlich zutraf.

Marianne flehte Isis an, ihr einen Geliebten zu schicken, und erhielt innerlich das Bild einer Gardenie als Zeichen. Am nächsten Tag schenkte ein Freund ihr eine Rose. Sie war weiß und duftete gut und kam ihrer Ansicht nach der Gardenie sehr nahe. Kurz darauf entwickelte sich ihre Beziehung in die Richtung, die sie sich erträumt hatte.

Hilfsmittel:
Rosa Altartuch; Bild oder Figur einer Göttin; rosa und rote Kerzen; blühende Pflanze (vorzugsweise dieselbe wie in Übung 17; ansonsten eine Pflanze mit rosa Blüten); Patschuli oder Jasmin; Liebesöl.

Dauer: 30-45 Minuten

- *Erde dich, reinige die Energie und hole deine eigene Energie zurück.*
- *Bereite eine Stelle auf deinem Altar vor. Solltest du keinen haben, nimm ein Regal oder einen Tisch. Räume alles ab. Bedecke den Altar mit dem rosa Tuch. Stelle ein Bild oder eine Figur der Göttin darauf, links eine rote und rechts eine rosa Kerze; die blühende Pflanze steht links und die Duftstäbchen stehen rechts.*
- *Zünde die Kerzen an.*
- *Brenne den Weihrauch ab und führe ihn über den Altar und den Platz, an dem du stehst oder sitzt, um den Bereich zu reinigen und auf die Schwingung der Liebe einzustellen.*
- *Rufe die Essenz deines Seelenpartners an deine Seite. Auch er soll an dem Ritual teilnehmen. Gehe davon aus, dass er die ganze Zeit über neben dir weilt, egal was du fühlst (oder nicht fühlst).*
- *Salbe deine Handgelenke und Knöchel, deine Stirn und dein Herz mit dem Liebesöl und sprich: »Ich salbe mich mit diesem Öl. Ich öffne mich für die Liebe zwischen meinem Seelenpartner und mir. Mein Herz ist erfüllt von unserer Liebe. Ich schwinge im Einklang mit der Energie unserer Liebe. Ich fühle sie in mir und um mich herum.«*
- *Strecke deine Arme mit erhobenen Handflächen flehend empor und rufe die Göttin deiner Wahl an. Lege Herz und*

Seele hinein. Wenn du die folgenden Worte sprichst, die du selbstverständlich abändern kannst, nenne die Göttin beim Namen: »Oh, (Isis), ich flehe zu dir, erhöre mein Gebet. Ich bitte dich, jetzt zu mir zu kommen.« Wiederhole diese Anrufung noch einmal. »Mein Seelenpartner weilt hier neben mir. Wir stehen vor dir (Isis), mein Seelenpartner und ich, und rufen deinen göttlichen Willen und deine göttliche Gnade an. Erfülle meine Bitte und führe meinen Seelenpartner und mich auf physischer Ebene zusammen, damit wir eine Liebesbeziehung eingehen können – nur wenn es in Einklang steht mit unserem höchsten Guten. (Dieser Punkt ist sehr wichtig. Du willst nämlich keine Beziehung schaffen, die für keinen von euch die richtige ist.) Hilf mir, Isis, ich bitte darum.«

- *Du kannst diese Worte wiederholen und deine eigenen hinzufügen.*
- *Halte die Pflanze in deinen Händen und stelle dir vor, dein Seelenpartner umfasse sie. Sprich: »Ich rufe dich an, Isis, mir zu helfen, eine Beziehung mit meinem Seelenpartner aufzubauen, die wie diese Pflanze wachsen und blühen wird.«*
- *Nun bitte die Göttin schweigend um ihren Beistand. Bitte deinen Seelenpartner, das Gleiche zu tun. Auf diese Weise stimmt sich die Göttin auf eure vereinten Energien ein. Denn du möchtest ja, dass sie diese spezielle Energie findet, nicht irgendeine.*
- *Solltest du eine gute, erotische Vorstellungskraft besitzen, ist es nun an der Zeit, darin zu schwelgen. Sexuelle Erregung regt die Kundalini-Energie an. Göttinnen (besonders Liebesgöttinnen) reagieren auf diese Energie. Wenn du möchtest, dass sie dir deinen wahren Geliebten bringt, sollte sie wissen, dass du es völlig ernst damit meinst.*

- *Bitte die Göttin um ein Zeichen, mit dem sie bekundet, dass sie deine Bitte erhört hat und daran arbeitet. Entspanne deinen Geist und gib dich den auftauchenden Bildern hin. Sollten sich keine einstellen, frage, ob sie dir vielleicht etwas Besonderes zukommen lässt, wie eine Blume oder sogar eine Rose.*
- *Lösche den Weihrauch, aber lasse die Kerzen noch brennen. Verändere so lange wie möglich nichts auf dem Altar. Das mag je nach deinen Wohnverhältnissen nicht sehr praktisch sein, aber wenn du das Bild der Göttin täglich vor Augen siehst, erinnert es dich daran, zu bitten, dass sie auch weiterhin an deinem Wunsch arbeitet.*

Übung 21

Das Anziehungsritual

Unter einem Ritual versteht man einen Vorgang, bei dem man bittet oder fordert, dass sich gewisse Dinge ereignen. Es wird an einem dafür bestimmten, geweihten Ort mit speziellen Gerätschaften und Symbolen abgehalten. Ein Ritual kann verschiedenen Zwecken dienen, besitzt gewöhnlich aber einen Kernpunkt, und die Anwesenden (einer oder mehrere) haben ein bestimmtes Ziel im Auge. Ein vertrautes und wunderbar prunkvolles Ritual offenbart sich in der katholischen Messe. Sie wird zu einer bestimmten Zeit an einem geweihten Ort gefeiert. Für die Zeremonie mit ihrem Zentralthema werden ausgesuchte Geräte verwendet.

Es gibt verschiedene Wege, ein Ritual vorzunehmen. In deinem Fall wirst du dich auf das Ziel konzentrieren, deinen Seelenpartner zu dir zu holen. Dazu brauchst du einige Gegenstände:

- eine Glocke, die dich aus Zeit und Raum der Gegenwart auf eine andere Ebene leitet
- ein Schwert oder einen Degen, um Energien zu bannen
- einen Zauberstab, um göttliche Energien herbeizurufen Dein Zauberstab kann sehr einfach sein, zum Beispiel ein fünfundzwanzig bis dreißig Zentimeter langer Zweig, einer dieser Kristallstäbe, die du im Geschäft kaufen kannst oder ein Plastikstab mit darin schwebenden Sternen; es bleibt dir freigestellt.

- einen Kelch mit Flüssigkeit – du wirst sie trinken, gieße also nicht zu viel hinein
- Duftstäbe
- rosa und rote Kerzen
- rosa Altartuch
- rosa Papier
- Rotstift

Wenn du bereits einige dieser Gegenstände für spirituelle Zwecke besitzt, kannst du sie verwenden. Benutze keine alltäglichen Dinge, sondern nur solche, die für diesen Zweck bestimmt sind. (Es gibt eine Anzahl von Büchern, in denen magische Rituale ausführlich beschrieben stehen.) Kaufe aber kein gebrauchtes Buch, denn die Energie soll frisch sein.

Du brauchst auch ein Siegel (ein spezielles Liebeszeichen), das du an der Wand hinter dem Altar befestigst und das dir zur Konzentration dient.

Die Kleidung, die du bei dem Ritual trägst, ist wichtig. Weiß, Schwarz oder eine andere angemessene Farbe wären günstig. Für deinen Zweck würde sich die Farbe Rot am besten eignen.

Führe das Ritual an einem Freitag durch, dem Tag der Venus, oder an einem Montag, dem Mondtag, dem Tag der Gefühle, oder während der abnehmenden Mondphase. (Du kannst dich sogar noch eingehender mit dem Zeitpunkt beschäftigen, aber diese Vorschläge sollen genügen.).

Denke daran, dass du nicht danach trachtest, irgendeine Person anzuziehen. Du ziehst deinen Seelenpartner an, deinen speziellen Liebhaber – also eine spezifische Energie. Das gesamte Ritual zielt darauf ab, diese Person an dich zu ziehen. Wie gewöhnlich wirst du dein höheres Selbst, deinen

Engel oder irgendein anderes höheres Wesen anrufen, um dir beizustehen und dich zu führen. Solltest du also das Ritual nicht »einwandfrei« ausführen, wird es die Wirkung nicht zerstören. Übersprungene oder verpfuschte Schritte spielen keine Rolle – Rituale wirken aufgrund der Konzentration und Absicht.

Sobald du das Ritual abgeschlossen hast, lasse es genauso los, wie deinen Ruf (Übung 18). Je mehr du nachher daran denkst, desto stärker hältst du an seiner Energie fest und behinderst sein Wirken.

Hilfsmittel:

Wie am Anfang der Übung beschrieben.

Dauer: 30-45 Minuten

Wenn du das Ritual erst einmal begonnen hast, unterbrich es nicht. Es stört den Energiefluss. Vergewissere dich also, dass du alleine bist.

- *Erde dich, reinige die Energie und hole deine eigene Energie zu dir zurück.*
- *Es wird oft empfohlen, am Tag zuvor zu fasten und vor Beginn des Rituals mindestens eine Stunde lang zu meditieren. Es bleibt dir überlassen. Je stärker du dich konzentrierst, desto kraftvoller wird dein Ritual sein.*
- *Kleide dich dem Vorgang entsprechend.*
- *Male mit Rotstift dein Siegel auf das rosa Papier und hefte es an die Wand.*
- *Bereite deinen Altar wie in Übung 20 vor. Stelle deine Pflanze (Übung 17) und auch die anderen von dir angefertigten Ge-*

genstände (Puppe, Schild, Collage, Talisman) direkt unterhalb des Siegels auf den Altar.

- *Spiele Musik, die deine Liebe steigert.*
- *Läute deine Glocke in alle vier Richtungen, um damit den geweihten Bereich abzugrenzen. Das trägt dich von der Alltagswirklichkeit in eine geweihte Wirklichkeit hinüber.*
- *Banne mit deinem Degen alle unerwünschten Energien in die vier Richtungen. Zuerst wende dich gen Osten. Zeichne ein Fünfeck in die Luft und sprich: »Ich schicke alle unerwünschten Energien zurück in den Osten.« Wiederhole diese Worte für die anderen drei Himmelsrichtungen (Süden, Westen, Norden).*

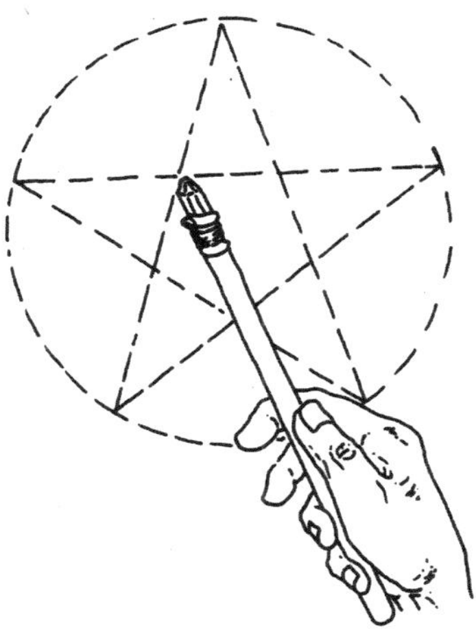

Schreibe mit deinem Zauberstab ein Fünfeck in die Luft

- *Wende dich jeder Himmelsrichtung zu und rufe ihr Element: Osten ist Luft; Süden ist Feuer; Westen ist Wasser; Norden ist Erde. Zeichne mit deinem Zauberstab ein Fünfeck in die Luft und sprich dabei: »Ich rufe das Element des (füge den Namen hier ein), mich bei meinem Ritual zu unterstützen.«*
- *Rufe dein höheres Selbst und andere höhere Wesen, dir bei diesem Anziehungsritual zu helfen. Bitte sie, dir beizustehen, deinen Seelenpartner zu dir zu bringen, wenn es das höchste Gute für euch beide ist.*
- *Salbe dich mit dem Liebesöl. Tupfe es auf deine Füße, deine Stirn, dein Herz und deine Handflächen und sprich dabei: »Ich bin offen für die Liebe meines Seelenpartners.«*
- *Verbrenne den Liebesweihrauch oder eine andere Duftnote.*
- *Sprich laut folgende Worte: »Ich rufe die Energie meines Seelenpartners zu mir. Ich bitte ihn, bei mir zu bleiben und mich an seiner Energie teilhaben zu lassen. Ich rufe den Wind, ihn mir zu bringen.« Halte inne und lasse es geschehen.*
- *»Ich rufe nach der Energie meines Seelenpartners durch das Feuer. Möge es heiß und stark brennen. Alles, was im Wege steht, wird verbrannt, sodass die Essenz meines Seelenpartners, die stark und mächtig ist, hier bei mir sein kann.« Halte inne.*
- *»Ich bitte, dass mein Seelenpartner mit dem Wasser zu mir gebracht werde, das alles fort schwemmt, was seinen Weg behindert. Ich umarme meinen Seelenpartner durch das Wasser, das ihn mir bringt, während die Wasser unserer Liebe uns durchfluten. Wir sind stark, machtvoll und wir sind eins.« Halte inne.*
- *»Ich rufe meinen Seelenpartner, er möge die Stärke, Kraft und Festigkeit der Erde spüren, damit unsere Liebe so lange anhält, wie wir es wünschen. Ich bitte meinen Seelenpartner, zusam-*

men mit mir fest verwurzelt in unserem gemeinsamen Leben zu stehen.« Halte inne und sieh innerlich deinen Seelenpartner mit ausgestreckten Armen auf dich zukommen.

- *»Ich bitte um den Segen der Engel und (nenne die Namen der göttlichen Wesen, die du herbeigerufen hast). Lasst meinen Seelenpartner und mich teilhaben dürfen an eurem Wesen. Umgebt uns mit Liebe.« Halte inne.*
- *»Ich rufe meinen Seelenpartner, dass er mich umarme, erfülle und vervollständige.« Fühle seine Energie neben, um und in dir.*
- *Erhebe den Kelch und blicke auf das Siegel. Sprich: »Ich bitte, dass dieser Kelch mit dem Wesen unserer Liebe angefüllt werde.« Trinke ihn leer.*
- *Nimm einen deiner Talismane auf. Halte ihn in der Hand und erblicke dich zusammen mit deinem Seelenpartner. Sprich: »Mit diesem (Name des Gegenstands) rufe ich meinen Seelenpartner an meine Seite.« Dann kannst du diesen Vorgang mit jedem einzelnen Talisman wiederholen. Je stärker du dich konzentrierst und dein Augenmerk auf das Wesentliche lenkst, desto stärker wird die Verbindung sein.*
- *Salbe das Siegel mit dem Liebesöl. Sprich dabei: »Möge mein Seelenpartner Raum und Zeit durchschreiten und zu mir kommen.«*
- *An diesem Punkt geben sich manche gerne ihrem Lustgefühl hin, um die Wirkung des Rituals zu verstärken und ein Zusammensein mit dem Seelenpartner zu erleben. Obwohl es sich nicht um ein an Sexualität orientiertes Ritual handelt, ist die sexuelle Magie so beliebt, weil sie die Kundalini-Energie anregt und du diese benutzen kannst, um deinen Willen zu lenken. Da es aber dein Ritual ist, kannst du entscheiden.*

- *Schließlich ist es an der Zeit, das Ritual zu beenden. Danke den göttlichen Wesen für ihr Kommen und bitte sie, dich zu verlassen. Danke deinem Seelenpartner und lasse ihn gehen.*
- *Schicke die Energien der vier Himmelsrichtungen zurück, indem du wieder ein Fünfeck mit deinem Zauberstab beschreibst und dabei sprichst: »Ich sende die Kräfte von Luft, Feuer, Wasser und Erde zurück.«*
- *Benutze den Degen oder das Schwert, um alle angesammelten Energien zu vertreiben. Wende dich den einzelnen Richtungen zu und sprich: »Ich sende alle unerwünschten Energien zum (Osten, Süden, Westen, Norden).«*
- *Läute deine Glocke, um das Ritual zu beenden.*
- *Blase die Kerzen aus. Zerbrich sie und wirf sie fort.*
- *Räume alles ab, auch das Siegel.*
- *Überlasse das Ritual sich selbst, damit es wirken kann.*

Schluss

Da du nun alle Übungen durchgeführt hast, möchtest du vielleicht vergleichen, wie du zu Beginn gewesen bist – deine Einstellungen und Gefühle im Hinblick auf dich selbst, deine Mitmenschen und deinen Seelenpartner. Bist du immer noch die alte Person oder kannst du eindeutige Veränderungen an dir entdecken? Wir werden es herausfinden! Oft fällt es uns sehr schwer, den eigenen Wandel festzustellen, da er ganz fein abläuft, aber andere Leute können ihn sehen. Auch uns wird es möglich, ihn zu erkennen, wenn er schwarz auf weiß vor uns liegt.

Vor Beginn der Übungen hast du eine Liste über dich selbst aufgestellt. Bevor du sie herausholst, fülle eine zweite aus, die du dann mit der ersten vergleichst, um zu sehen, ob du dich geändert hast. (Liste wie S. 43)

Wenn du auf der ersten Liste einen Punkt entdeckst, den du übernehmen möchtest, füge ihn hinzu.

Welche Punkte erscheinen auf beiden Listen? Untersuche sie sorgfältig. Empfindest du das Gleiche wie vorher? Wir wollen es genau untersuchen. Schreibe in der neuen Liste ein Plus (+) oder Minus (–) neben jede Eigenschaft, um Veränderungen anzuzeigen.

Zum Beispiel mag auf der ersten Liste »deprimiert« stehen, auf der zweiten aber »ziemlich glücklich«. Das ist ein Plus. »Ängstlich« änderte sich zu »offen und freundlich«. Das zählt ebenfalls als Plus. Oder »bisweilen aufbrausend« wurde zu »oft aufbrausend«. Das ist eine negative Veränderung oder nicht? (Häufiger unwirsch zu werden, ist ein Zeichen dafür, dass du nicht mehr so nachgiebig bist wie früher, was gut ist.)

Gehe jede einzelne Eigenschaft auf beiden Listen durch.

Dann streiche alle diejenigen Punkte auf der ersten Liste durch, die in der Zweiten nicht mehr auftauchen.

Prüfe die neue Liste. Sie gibt dir ein Bild von dir selbst. Du kannst sehen, wieweit du in deiner persönlichen Entwicklung vorangekommen bist und wie offen du dich für das Neue in deinem Leben zeigst.

Denke daran, gleichgültig was mit deinem Seelenpartner geschieht, dies ist dein Wandel. Ich hoffe, du hast Freude an deiner Entdeckungsreise gehabt und alle deine Gebete und Träume sind erfüllt worden. Es ist wunderbar, wenn sich die Dinge zum Besten wenden.

Die Autorin ist unter folgender Email-Adresse zu erreichen:
arians@rocketmail.com